초등생의 국어
학부모의 계획

결국 국어를 잘해야 합니다

초등생의 국어
학부모의 계획

박은진 저

두 아이의 엄마이자 현직 중등 국어 선생님

사람in
saram
in.com

초등학생은 어떻게 국어 공부를 해야 할까요?

"중학교 국어 점수는 거품 같아요."

고등학교 첫 시험에서 중학교 때와 확연히 다른 국어 점수를 받은 졸업생의 푸념을 들었습니다. 중학교 국어는 수업 시간에 집중해서 들으면 시험 점수를 잘 받을 수 있었다고 합니다. 그런데 고등학교에 가니 수업 시간에 집중해서 듣고 문제집도 풀었는데 국어 시험 점수가 너무 낮다는 겁니다. 내신 시험이 수능형으로 출제되어 안 배운 부분에서도 시험 문제가 나오니 어떻게 공부해야 할지 모르겠다고 한숨을 섞어 말합니다. 또 다른 학생은 고등학교에 가니 국어가 암기과목처럼 느껴진다는 이야기를 합니다. 문법, 중세 국어, 심지어 고전 문학도 외워야 한다고 말입니다. 그리고 아이들은 이런 하소연을 하고 난 뒤에는 어김없이 이런 말을 합니다.

"선생님, 국어가 저를 이렇게 배신할 줄은 몰랐어요!"

아이들의 이야기를 듣고 있으면 초중등 국어와 고등 국어 사이에 커다란 벽이 하나 있다는 생각이 들 정도입니다. 이런 이야기를 들으면 초등맘들도 불안해질 겁니다. 초등학교 다닐 때는 책만 읽어도 충분하다는 이야기를 들었는데, 정말 그래도 되는지 궁금하실 거예요. 자녀의 국어 교과서를 봐도 특별히 외워야 할 것이 없어 보이는데, 뭘 공부하라고 해야 할지 모르겠다는 학부모님들의 이야기를 많이 들었습니다. 그 해답을 찾기 위해 이 책을 읽게 되셨을 거고요.

저는 중학교에서 17년째 국어를 가르치고 있는 국어 교사이자, 고등학교 1학년과 초등학교 5학년 두 아이를 키우는 엄마입니다. 학교에서 초등학생을 가르치진 않았지만, 두 자녀의 국어 공부를 도운 경험을 여러분께 들려 드릴 수 있을 겁니다. 그리고 국어 공부와 관련해 많이들 궁금해하시는 "초등학교 때 공부는 독서와 글쓰기라고 하는데 중학교 때도 독서와 글쓰기를 계속하면 국어 점수가 잘 나올까요?" 같은 여러 질문에 대한 답도 적어 두었습니다. 이 책을 통해 자녀의 국어 공부를 바른 길로 안내할 수 있는 답을 찾게 되시기를 바랍니다.

차례

PART 1 진짜 실력은 국어에서 결정된다!

제1장 왜 국어 실력이 중요한가?

제2장 초등 국어 공부에 대한 학부모의 오해

PART 2 수능으로 이어지는 국어 공부의 방향 – 초등

제1장 초등학교 학년 공통 국어 공부

PART 4 절실한 질문에 대한 시원한 답변

진짜 실력은
국어에서 결정된다!

제1장

**왜
국어 실력이
중요한가?**

모든 공부의 기초 체력은
국어 실력

"충격입니다!"로 시작하는 국어 학원 광고를 봤습니다. 광고의 내용은 '국어를 못하면 다른 과목도 잘할 수 없고, 좋은 대학에 못 가고, 좋은 직장에 취직할 수도 없다. 그런데 현실은 국어 공부를 경시하고, 학부모님들은 영어·수학 학원만 보내고 있으며, 주변에 체계화된 국어 학원이 없다. 그래서 ○○ 학원으로 학생들을 보내야 한다'는 것이었습니다.

저는 이 광고가 (결론만 빼면) 틀린 말은 아니라고 생각합니다. 아마 이 책을 선택해서 읽고 계신 학부모님은 자녀가 수능 국어에서 1등급을 받고 원하는 대학에 합격하면 좋겠다고 생각하실 겁니다. 그렇다면 일단 여러분이 목표로 하는 국어 1등급은 어느 정도 난이도일까요? 수능 기출 문제는 한국교육과정평가원 (www.kice.re.kr) 홈페이지 '자료마당'에서 누구든지 확인할 수 있으니 시간 여유가 있을 때 학부모님이 한 번 풀어 보세요. 수능 기출 국어 문제를 보면 단순 암기로는 절대 풀 수 없는 수준이라는 걸 아실 겁니다.

국어를 흔히 '도구 교과'라고 합니다. 다른 과목을 학습하기 위한 기본적인 수단이 되는 교과 과목이라는 의미죠. 의대에 가든, 공대나 경영대에 가든 모든 학문의 기본은 '이해'인데, 이해는 글을 읽고 내용을 정확하게 파악해 지식을 흡수하는 것에서부터 시작됩니다. 따라서 모든 학습의 과정에는 반드시 독해력 향상을 위한 노력이 필요하다는 이야기입니다.

그럼, 독해력을 키울 수 있는 가장 좋은 방법은 무엇일까요? 전문가들이 모두 입을 모아 말하는 방법은 '다양한 분야의 독서를 하는 것'입니다. 2021학년도 대학수학능력시험 만점자인 신지우 군은 자신의 공부 비결로 독서 습관을 이야기합니다. 신지우 군은 "고등학교 3년 내내 일찍 등교해 몸풀기 겸 편하게 책을 읽은 것이 도움이 되었다"고 말했습니다. "소설이든, 과학이든, 철학이든 눈에 보이는 대로 책을 읽었다"며, 이런 독서 경험이 수능에서 큰 역할을 했다고 합니다. 우리가 읽은 책은 뇌에 흔적을 남기니까요.

하지만 독서를 한다고 해서 국어 점수가 곧바로 향상되는 것은 아닙니다. 독해력을 바탕으로 문해력을 키우려면 '국어라는 과목에 맞는 공부'를 해야 합니다. 국어에서 가장 중요한 것은 내용을 정확히 읽고, 내 생각을 다른 사람에게 이야기하고, 그것을 글로 표현하는 것입니다. 읽기와 말하기, 쓰기이지요. 이렇게 국어 실력을 제대로 쌓아두면 다른 과목 공부도 한결 수월해집니다.

문해력이 곧
경쟁력

　　　　수빈이는 초등학생 때 굉장한 독서광이었습니다. 하지만 중학생이 된 요즘은 도저히 책 읽기에 집중할 수가 없습니다. 그 이유는 바로 수시로 울려대는 카톡 메시지 알람 때문입니다. 친구들과 카톡으로 메시지를 주고받는 일이 많은데, 단톡 메시지에 제때 답을 하지 않으면 대화에 끼지 못하고 소외되기 때문에 알림 설정을 끌 수도 없습니다. 중학생이 되면서 드디어 갖게 된 스마트폰이지만 수빈이는 가끔은 스마트폰이 없었던 때가 더 좋았다는 생각도 합니다.

　　　　통계청에서 발표한 〈2021 청소년 통계〉에 따르면 십 대 청소년들의 주당 평균 인터넷 이용 시간은 2020년 27.6시간으로, 전년 대비 10시간 증가했습니다. 또한, 십 대 청소년의 35.8%가 스마트폰 과의존 위험군으로, 전년 대비 5.6% 포인트 증가한 것으로 나타났습니다. 코로나로 집에 머무는 시간이 길어지면서 학생들은 책 대신 스마트폰을 손에 잡은 것입니다.

하지만 아무리 요즘 학생들이 디지털 원주민(Digital Native)^{컴퓨터, 인터넷, 휴대전화 등의 디지털 기술을 어려서부터 사용하면서 성장한 세대}이라지만 독서를 소홀히 한다면 이는 문해력 부족으로 이어질 수밖에 없습니다. 문해력이 부족하면 글의 의미를 온전히 소화하지 못하고, 의사소통에도 어려움을 겪습니다. 여기에 더해 각종 매체의 가짜뉴스를 판별하기도 어려워지지요.

『EBS 당신의 문해력』(김윤정 저, EBS BOOKS)에서는 창의적인 사고를 요구하는 미래 사회에서는 문해력이 핵심 역량이자 경쟁력이 될 수밖에 없으며, 문해력이 높은 사람이 가치를 인정받고 많은 부를 얻게 될 것이라고 합니다.

문해력이 부족하면 다른 공부를 하는 데도 어려움이 따릅니다. 어느 날 아이가 초등 수학 문제를 풀고 제가 채점을 했는데 수학 스토리텔링 문제를 틀렸습니다. 난이도가 그다지 높지 않았는데 틀린 이유가 뭐냐고 물었더니 아이는 문제를 잘못 이해했다고 합

니다. 이처럼 수학 문제가 서술형으로 출제되었을 때 문해력이
부족하면 쉬운 문제도 제대로 풀 수 없습니다.

아이의 미래를 좌우하는
국어 실력

         어느 날 졸업생인 고3 지훈이의 어머니로부터 다급한 연락이 왔습니다. 수학과 영어는 1등급이 나오는데, 국어가 3, 4등급을 오간다는 겁니다. 이제 수능이 3개월밖에 남지 않았는데 어떻게 해도 국어 점수가 오르지 않는다며, 무슨 방법이 없겠느냐고 물으시는데 참으로 안타깝고 난감했던 기억이 납니다.

    지훈이가 유독 국어만 등급이 안 나온 이유는 무엇일까요? 사실 국어라는 과목은 조금 특이합니다. 국어는 공부를 안 한다고 해서 점수가 아예 안 나오는 것도 아니고, 또 공부를 열심히 한다고 해서 점수가 꼭 잘 나오지도 않는 과목입니다. 쉽게 말해 국어는 공부량과 성적이 반드시 비례하진 않는다는 겁니다. 반면에 수학이나 과학 같은 지식 위주의 과목들은 내용이 어렵긴 해도 대체로 노력한 만큼 성적이 향상됩니다. 그렇기에 학생들은 공부량을 보상받을 수 있는 과목들에 집중하는 편이지요.

지훈이도 마찬가지였습니다. 고등학교에 입학한 후 수능과 내신 두 마리 토끼를 잡기 위해 지훈이는 수학과 영어 공부에 집중했습니다. 반면에 국어는 고1 때부터 그럭저럭 잘 나왔기에 따로 공부하진 않았지요. 그러다가 학년이 올라가면서 믿었던 국어 점수가 점점 하향세를 보이자 힘들어한 겁니다.

국어는 단기간에 점수를 올리기 어렵습니다. 그래서 수능 직전에 국어 점수를 어떻게 올릴 수 있느냐는 졸업생들의 연락을 받을 때면 참 마음이 답답합니다. 국어 시험은 제한된 시간 안에 빠르고 정확하게 지문을 읽고 문제를 풀어야 하기 때문에 독해력이 필요한데, 독해력은 단시간에 향상되는 것이 아니니 말입니다.

지훈이는 다른 과목에 비해 나오지 않는 국어 성적 때문에 원하던 대학에 진학할 수 없었고, 결국 재수를 선택했습니다. 제 주변에만 이렇게 국어 때문에 원하는 대학을 못 갔다고 이야기하는 사람이 많은 걸까요?

과정 중심 평가에서 더욱
중요해지는 국어 실력

중3이던 첫째 아이의 2학기 기말고사 일정이
나왔습니다. 학교알리미로 확인했는데, 아무리 살펴봐도 국어 과
목이 시험 시간표에 없었습니다. 국어는 1차 지필평가(중간고사),
2차 지필평가(기말고사), 수행평가로 한 학기 성적 처리를 하는 것
이 일반적입니다. 그런데 기말고사 일정에 국어 과목이 없다는
것은 1차 지필평가(중간고사)와 수행평가만으로 한 학기 성적을
처리한다는 의미입니다. 왜 시험을 보지 않을까요? 혹시 오류로
시험 과목에서 빠진 걸까 싶어 아이에게 묻자 정말 지필평가를
안 본다고 했다고 합니다.

아이 학교 홈페이지의 '학교 정보공시' 항목을 보니 중간고사

반영 비율이 40%이고, 기말고사는 미실시, 과정 중심 수행평가는 진로 보고서 쓰기(논술형) 20%, 비평문 쓰기(논술형) 20%, 포트폴리오 20%로 되어 있었습니다.(참고로 모든 학교 홈페이지에는 '학교 정보공시'라고 하는 항목이 있습니다. 보통 홈페이지 하단 배너에서 찾을 수 있습니다. 일 년에 두 차례 정보공시를 하는데, 이곳에서 평가 항목과 반영 비율을 확인할 수 있습니다.)

이처럼 요즘은 수행평가 비율이 점차 높아지면서 그 중요도가 커지고 있습니다. 예전에는 모둠별로 수행평가를 진행하곤 했지만, 요즘은 학생들이 모여서 작업하는 데 어려움이 많기에 지양하는 추세입니다. 또한, 수행평가를 집에서 해오게 하면 타인의 도움을 받을 수 있기 때문에 원칙적으로는 교내에서만 실시합니다. 그래서 과제를 미리 안내하고 학교에서 일정 시간 동안 작성해서 제출하는 형태의 수행평가를 주로 실시합니다. 따라서 수행평가를 포함하는 과정 중심 평가에서 글쓰기의 중요성이 날로 높아지고 있습니다.

2022년도에 고등학교 1학년들은 교과학습발달상황, 자율활동, 동아리활동, 진로활동이 대입에 활용됩니다. 반면에 방과후 활동, 자율동아리, 개인적으로 수행한 봉사활동, 수상경력은 대입에 반영되지 않습니다. 도서명과 저자명만 입력하던 독서활동도

2024년부터는 대입에 반영되지 않습니다. 개인적으로는 무척 아쉬운 부분입니다.

이렇게 항목들이 축소되면 결과적으로 반영되는 다른 항목들의 중요도가 더 올라가게 됩니다. 특히 가장 중요한 건 '교과학습발달상황'입니다. 교과학습발달상황은 '교과 성적'과 '세부능력 및 특기사항(이하 세특)'으로 구분됩니다. 교과 성적은 대학에서의 학업 수행이 가능한지를 나타내기에, 이를 보여줄 성적을 받아야 합니다. 학생부종합전형에선 세특의 영향력이 더욱 커졌습니다. 세특은 교사가 학생의 학업 능력과 태도를 관찰해 기록한 것으로 해당 학생을 평가할 때 중요한 전형 요소가 됩니다.

교사로부터 좋은 평가를 받으려면 수업 시간에 적극적으로 참여하면 됩니다. 그리고 독서 활동이 대입에 직접적으로 반영되지는 않지만 절대 독서를 소홀히 해서는 안 됩니다. 책을 많이 읽으면 배경지식을 쌓는 데 도움이 된다는 말을 자주 하는데, 실제로 학생이 쓴 글이나 발표 시간에 하는 말을 들어보면 어떤 분야의 책을 많이 읽었는지 쉽게 알 수 있습니다. 또한 수업과 관련한 책을 읽고 발표한 내용을 교사가 세특에 기재할 수도 있기 때문이지요. 요즘 고등학교 선생님들은 수업을 하면서도 어떻게 세특을 작성할지 늘 유념하고 있습니다.

다양한 분야의 책을 읽은 학생은 수업 시간에 표가 납니다. 중1

수업에서 정진권의 「막내의 야구 방망이」라는 수필을 배우고, 막내의 입장에서 쓴 일기의 주요 부분을 비유적·상징적으로 표현하는 활동을 진행했습니다. '지금은 힘들지만 우리의 미래는 환하게 빛날 것이다'라는 문장을 바꿔 보라는 말에 대부분 학생들은 어두운 상황을 '밤'으로, 밝게 빛날 것이라는 표현을 '별'이나 '태양'으로 비유했습니다. 그런데 한 학생의 표현이 특이했습니다. '지금은 푸른빛으로 물들었지만, 곧 붉은빛이 가득할 것이다'라고 말입니다. 그 표현을 쓴 학생의 책상 위에는 주식 관련 책이 놓여 있었습니다.

서술형·논술형 평가가 확대되는
2022 개정 교육과정의 영향

2022 개정 교육과정이 발표되었습니다. 2015 교육과정 변경 이후 7년 만에 바뀐 것으로, 2025년부터 단계적으로 시행될 계획입니다. 2022 개정 교육과정에선 중학교 과정부터 서술형·논술형 평가를 확대하는 방향으로 교실 수업이 개선될 예정입니다. 그래서 자기 생각을 논리적으로 전달할 수 있는 역량을 키워야 합니다.

수행평가 비중이 확대되고 서술형 평가를 더 늘린다는 이야기를 들으면 학부모님들은 마음이 불안해집니다. 하지만 저는 객관식이 공정하다는 생각에 물음표를 던져야 한다고 이야기합니다. 사회는 변화하는데 우리 교육이 그 속도를 따라가지 못한다는 비판의 목소리가 많습니다. 5개 중 하나를 고르는 것과 자기 생각을 정리해서 쓸 수 있는 것 중 어느 것이 아이들의 미래를 그릴 때 필요한 걸까요? 당연히 후자일 겁니다. 우리 삶의 문제가 다섯 개 중 하나를 고르는 형태로 나타나는 것이 아닌 것처럼요.

서술형 평가에서 좋은 점수를 받으려면 교과서를 이해하고, 수업 시간에 하는 활동에 적극적으로 참여하면 됩니다. 서술형 문제는 새로운 것을 출제하는 것이 아니라, 선생님이 수업 시간에 충분히 이야기하고 친구들과 토론했던 내용을 가지고 시험 문제를 냅니다. 따라서 수업 시간에 충실히 수업을 들었던 학생이라면 따로 문제집을 풀지 않아도 답안을 쓸 수 있습니다.

서술형이기에 공정한 평가가 이루어지지 않을 거라는 우려 역시 버리셔도 됩니다. 채점을 위한 기준이 있고, 학생들에게 그런 점수를 받은 상황을 알리는 과정이 존재합니다. 그렇기 때문에 서술형 평가가 확대되고 과정 중심 평가로 변한다는 이야기에 당황하실 필요가 없습니다. 오히려 시험 점수를 잘 받기 위해 여러 권의 문제집을 푸는 식의 공부를 안 해도 되니 아이에게는 방과 후에 자신이 좋아하는 일에 더 집중할 수 있는 시간을 갖는 기회가 될 겁니다.

2022 개정 교육과정에 대한 이야기가 나오면서 자주 또 언급

되는 것 중 하나가 바로 '학습자 주도성'입니다. '학습자 주도성'이란 학습자가 자신의 삶과 학습을 주도적으로 설계하고 구성하는 능력으로, 미래 사회에 변화의 주체가 될 수 있도록 하는 것을 강조합니다. 2022 개정 교육과정에서 지향하는 것은 자기 주도성을 갖추고 주체성, 책임감, 적극적인 태도를 갖고 창의와 혁신으로 문제를 해결하고 융합적 사고를 하고 도전하는 정신을 갖춘 사람입니다. 배려, 소통, 협력, 공감, 공동체 의식을 갖춘 시민을 키우는 것을 목표로 합니다.

또한, 미래 변화 대응 역량 및 기초 소양 강화도 2022 개정 교육과정에 새롭게 등장한 목표입니다. 언어, 수리, 디지털 소양을 기초 지식으로 강조하면서 공교육에서 서술형·논술형 평가가 확대됩니다. 따라서 자기 생각을 정리해 논리적으로 글쓰기를 할 수 있는 능력이 필수입니다.

지금도 서술형 평가와 수행평가 비중은 높습니다. 2022 개정 교육과정 개편에 맞춰 이 현상은 계속될 것입니다. 중등 교육과정의 변화와 함께 초등 교육과정에서도 서술형 평가가 확대될 것입니다. 이제는 자신의 생각을 문장으로 표현하고, 적절한 어휘력을 구사할 수 있는 학생이 되어야 합니다. 이런 능력은 저절로 길러지는 것이 아니라 평소 꾸준히 갈고닦아야 가능합니다.

제2장
· · · · · · ·

초등
국어 공부에 대한
학부모의 오해

무슨 책이든
읽기만 하면 된다?

　　"우리 아이는 책을 정말 많이 읽어요"라고 자녀의 독서에 대해 자부심을 가지고 이야기하는 학부모님들이 많습니다. 그런데 아이가 어떤 책을 읽는지 가만히 살펴보면 학습만화를 많이 읽어서 상식이 풍부한 경우가 가장 많습니다. 창작 소설도 아이들이 좋아합니다. 재미와 감동을 함께 선사하기 때문입니다.

　　하지만 만약 아이가 문학작품만 읽으려고 한다면 조금씩 사회, 역사, 과학, 수학 분야를 재미있게 쓴 지식 책도 함께 읽어볼 수 있도록 권해 주세요. 지식 책을 읽어 두면 배경지식이 차곡차곡 쌓여 학교 공부를 할 때 큰 도움이 되고, 수업 시간에도 어느 정도 자신이 알고 있는 내용을 선생님께서 설명해 주시기 때문에 집중하면서 들을 수 있습니다. 가볍게 읽을 수 있는 잡지도 좋습니다. 『개똥이네 놀이터』나 『초등 독서평설』, 『어린이 과학동아』는 아이들이 좋아하고 쉽게 읽을 수 있습니다.

ⓒ 보리

ⓒ 지학사

ⓒ 동아사이언스

편식을 하면 건강에 도움이 되지 않는 것처럼, 책도 한 분야의 책만 읽으면 안 읽는 것보다는 낫겠지만 부족한 부분이 생기니 고루 읽기를 권합니다.

『진짜 초등 국어 공부법』(배혜림 저, 마더북스)에서 저자는 '7대3의 법칙'을 이야기합니다. 초등 저학년은 아이가 즐겁게 읽을 수 있는 책과 국어 교과서에 인용된 책의 독서 분량을 7대3으로 맞추고, 초등 고학년이라면 문학과 비문학 비율을 7대3으로 맞추는 것이 효과적이라고 말합니다.

아이가 자신이 좋아하는 분야의 책을 많이 읽는 것은 자연스럽고 당연합니다. 그래서 부모가 아이가 읽은 책을 7대3 법칙을 참고해서 살핀 후 부족한 부분의 책을 자연스럽게 권해 주면 균형 잡힌 독서 습관을 기르는 데 큰 도움이 됩니다. 가령 소설책만 보는 아이라면 4월 과학의 달을 맞아 다양한 체험이 진행되는 과학관을 견학한 후 견학 중 아이가 호기심을 보인 분야의 책을 읽도록 관심과 책을 연결해 주면 좋습니다.

읽은 책을 기록하는 것도 균형 잡힌 독서 습관을 기르는 데 효과적입니다. 저는 책을 읽으면 읽은 책을 꼭 기록합니다. 특별히 적을 내용이 없으면 제목과 저자 이름이라도 적어 둡니다. 적어 둔 목록을 보고 너무 소설만 읽은 경우에는 의식적으로 과학이나 사회 분야의 책을 찾아서 읽으려고 노력합니다.

초등학생인 둘째는 학교에서 독서통장을 기록합니다. 독서통장은 책을 읽은 후 쓰고 싶은 활동을 골라 그림이나 글로 표현할 수 있는 독서기록장입니다. 활동은 ① 명대사! 명구절!, ② 가장 기억에 남는 장면, ③ 주인공에게 하고 싶은 말, ④ 새로 알게 되었어요, ⑤ 궁금해요, ⑥ 본받고 싶어요, ⑦ 뒷이야기를 상상해요 중에서 고르게 되어 있으며, 일주일에 최소한 한 개를 쓰라고 합니다. 저희 아이는 책은 많이 읽지만 독서통장 기록하는 걸 좋아하지 않습니다. 다섯 줄 이상 써야 하기 때문에 귀찮다고 이야기합니다. 독후활동

도 중요하지만, 독서 자체를 싫어하게 될지도 몰라서 저는 아이에
게 최소한으로 독서통장을 쓰게 합니다.

다음 표에서 쓰고 싶은 활동을 골라 <책을 읽고 나서>에 그림이나 글로 표현해 봅시다.

명대사! 명구절!	가장 기억에 남는 장면	주인공에게 하고 싶은 말	새로 알게 되었어요!	궁금해요!	본받고 싶어요!	뒷 이야기를 상상해요!

권		월 일 요일		확 인	

책 제목: 지은이 :

남기고
싶은 말

권		월 일 요일		확 인	

책 제목: 지은이 :

남기고
싶은 말

권		월 일 요일		확 인	

책 제목: 지은이 :

- 독서통장 예시

도서관에서 책을 자주 대출하는 경우라면 도서관 홈페이지의 대출 반납 내용을 활용하는 것도 좋습니다. 제가 이용하는 도서관 홈페이지에서는 대출 반납 내용 전체를 엑셀로 다운받을 수 있습니다.(안 되는 도서관 홈페이지도 있습니다.) 저는 이 내용을 다운받아 시간 여유가 있을 때 분야를 정리해 부족한 분야의 책은 다음에 신경 써서 읽으려고 합니다. 아래처럼 간단한 표를 엑셀로 만들어 입력하면 정리하는 데 도움이 됩니다.

순번	읽은 날짜	책 제목	문학/비문학	분야
1	11/3	비밀의 화원	문학	동화
2	11/11	초등학생이 알아야 할 과학 100가지	비문학	과학

책을 잘 읽지 않아서 학습만화를 구입해 주면 아이가 집중해서 읽고, 상식이 많은 것처럼 보입니다. 그런데 만화책 위주로 독서를 한 아이들은 학년이 올라가면서 글밥이 많은 책을 읽지 못하는 일이 종종 생기므로 이 점에 유의하셔야 합니다.

국어는 독서만 하면
따로 공부할 필요가 없다?

중학생인 민수는 정말 책을 열심히 읽는 아이입니다. 아침마다 도서관에서 대출한 책에 코를 박고 읽습니다. 국어 시간의 '10분 독서 시간'에도 10분이 지났다는 말을 너무 아쉬워하고, 심지어 수업 시간에도 틈틈이 책을 읽으려고 해서 수업이 끝나면 책을 돌려주겠다고 하고 책을 뺏어야 할 정도입니다.

그러나 2학년이 된 민수의 국어 성적은 의외로 70점 정도로, 평균이 80점인 시험에서 중간도 안 되었습니다. 하지만 민수는 시험 점수에 연연하지 않고 책을 열심히 읽었습니다. 독서를 많이 하는데도 민수는 왜 국어 성적이 좋지 않을까요?

사실 민수는 역사나 과학 상식 위주의 책을 주로 읽고, 국어 시험공부는 따로 하지 않았습니다. 게다가 수업 시간에도 자신이 읽고 싶은 책을 읽느라 수업에 집중하지 않고 필기도 열심히 하지 않았습니다.

만약 우리 아이가 독서를 열심히 하는데 학교 국어 성적이 좋지 않다면 수업 시간을 어떻게 보내고 있는지 확인해 보셔야 합니다. 초등학교 저학년 교과서를 보신 적이 있나요? 교과서를 보시면 '가르칠 내용이 없는데?'라는 생각을 하실 수도 있습니다. 초등학교 국어 문제는 수업에 집중했다면 절대로 어렵지 않습니다. 하지만 국어는 중학교와 고등학교에 올라가면서 갑자기 어려워집니다.(이 부분은 뒤에서 다시 자세히 다루겠습니다.)

모든 공부는 글을 잘 읽어야 합니다. 독서를 하면 좋다는 이유는 책을 읽으면서 어휘력도 키우고, 다양한 배경지식도 쌓고, 자연스럽게 생각하는 힘인 사고력까지 키울 수 있기 때문입니다. 그리고 초등학교 저학년 시기의 독서가 중요한 이유는 이런 것들이 습관화되는 시기이기 때문입니다.

첫째 아이가 방학을 맞아 아빠와 함께 헬스장에 다니더니 쌀 10kg을 가볍게 듭니다. 운동을 꾸준히 하니 무거운 것도 점점 어렵지 않게 들 수 있게 되었다고 자랑을 합니다. 글 읽기도 마찬가지입니다. 처음부터 두꺼운 책을 읽을 수는 없습니다. 얇은 책을 많이 읽다 보면 읽기 근육이 생겨서 두꺼운 책도 부담 없이 읽을 수 있게 됩니다. 따라서 읽기 근육이 생기기 시작하는 초등 저학년 때 독서 습관을 기르는 데 집중해야 합니다.

독서의 긍정적인 효과는 집중력 향상입니다. 요즘 아이들의 집중력은 몇 분이나 될까요? 갈수록 집중할 수 있는 시간이 짧아져서 하나의 활동으로 수업 시간 45분을 보낼 수가 없습니다. 저는 중학생들과 수업을 할 때도 45분을 삼등분해서 적어도 3개의 활동으로 수업을 구성합니다. 그래야 학생들도 수업 시간에 집중할 수 있기 때문입니다. 중학생들도 그런데 초등학생들이 수업 시간 내내 교사의 설명을 듣고, 책을 집중해서 읽는 일은 어려울 수밖에 없습니다.

초등학교 저학년은 독서만 해도 학교 수업을 따라가는 데 전혀 어려움이 없습니다. 물론 전제 조건이 있습니다. 한글을 능숙하게 읽을 수 있어야 합니다. 읽기가 안 되면 학습은 어려운 일이 될 수밖에 없습니다.

국어 단원 평가를 본다는 내용이 알림장에 있으면 이렇게 지도해 주세요. 먼저 교과서를 읽고, 학습 활동에 나온 질문에 대답을 잘하는지 확인해 주세요. 그리고 교과서의 중요한 개념은 외우도록 도와주세요. 문제집을 따로 풀 필요는 없습니다. 교과서의 내용으로 정리해도 충분합니다. 아이가 교과서 내용을 제대로 이해했는지는 질문에 대한 답을 통해 부모님이 바로 알 수 있습니다.

이때 질문에 대해 단순히 맞는 답을 하는 것에 중점을 두기보다는 교과서 본문에서 답이 나온 곳을 찾아 소리 내어 읽도록 하면 공부가 더 됩니다. 눈으로 보고, 귀로 들으면서 내용을 다시 이해하게 되기 때문이죠. 그리고 이 단원을 통해 배워야 하는 내용을 기록한 학습 목표를 꼭 써 보거나 읽어 보게 해 주시면 좋습니다. 이 과정에서 아이가 궁금해하는 책은 구입하거나 도서관에서 대출해 읽도록 합니다. 학교 도서관에서 아이가 직접 빌려서 읽어 보도록 하는 것도 하나의 방법입니다.

국어를 잘하기 위해서는 꾸준한 독서도 물론 중요하지만 수업 시간에 열심히 듣고, 배운 내용에 대한 공부도 해야 합니다. 수업 시간에 집중해서 들으면 중요한 부분을 선생님이 여러 번 강조해서 이야기를 하기 때문에 내용을 이해하기 쉽습니다. 그래서 초등학교 저학년일 때는 입으로 소리 내어 교과서 본문을 읽고, 고학년이 되면 교과서 본문을 정독하고, 간단한 확인 문제에 스스로 답을 할 수 있는지 점검해 보는 복습도 필요합니다.

국어 교과서 문제집
꼭 풀어야 한다?

　　많은 교육 전문가들이 입을 모아 이야기하는 것이 있습니다. '초등학교 국어는 문제집보다 독서와 글쓰기를 해야 한다'는 것입니다. 당연히 문제집을 풀어야 한다고 생각하시는 학부모님들은 의아하게 생각하실 겁니다. 하지만 초등학생 때는 국어 자습서나 문제집 모두 필요 없습니다. 참고 자료가 필요할 정도의 내용이 교과서에 없기 때문입니다. 게다가 초등학교 때부터 국어 문제집을 많이 풀면 창의력 개발에 도움이 되지 않는다고 생각합니다. 문제집은 단순한 내용을 반복적으로 풀게 하기 때문에 자칫 국어 공부에 대한 흥미가 떨어지게 할 수 있기 때문입니다. 그래서 저는 큰애도 둘째도 초등학교 때는 국어 문제집을 풀게 하지 않았습니다.

대신 아이들에게 문제집 풀 시간에 책을 더 읽도록 했습니다. 저희 집은 도서관과 2분 거리에 있어서 아이들이 어렸을 때부터 시간이 나면 도서관에서 책을 보면서 놀았습니다. 도서관 독서 장려 프로그램에 적극적으로 참여하고, 매일 도서관으로 출근 도장을 찍어서 도서관 사서 선생님들이 아이들을 모두 알 정도였으니까요.

첫째 아이는 중학생이 되어서도 국어 학원을 다니지 않았습니다. 제가 공부를 따로 봐 준 것도 아닙니다. 공부하다가 모르는 것이 있으면 물어보라고 했지만 아이는 엄마한테 별로 묻지 않았고, 시험 기간에도 국어 공부는 많이 하지 않았습니다. 아이에게 물으니 시험 난이도가 높지 않아서 수업 시간에 잘 듣고, 선생님이 나누어 주신 학습지에 있는 문제를 풀면 대부분의 문제를 풀 수 있었답니다. 국어 문제집을 풀긴 했지만, 큰 도움이 되지는 않았다고 합니다. 아이가 국어 시험 문제를 실수로 틀렸다고 하길래 '원래 국어 100점 맞는 건 어렵다'고 위로해 준 후 틀린 이유를 물어보니 '정확한 단어의 뜻을 몰라서'라고 답했습니다. 그래서 오답 노트를 작성해서 같은 실수를 하지 않도록 하자고 이야기하는 것으로 끝냈습니다.

물론 이 책을 읽으시는 분들이 거주하는 지역의 초등학교 특성에 따라 단원 평가 문제가 어렵게 나올 수도 있습니다. 그래서 아이가 국어 점수를 낮게 받았다고 너무 좌절한다면, 문제집으로 공부해 보게 하셔도 됩니다. 하지만 일반적으로는 권하지 않습니다.

책은 많이 읽었지만 문제 푸는 요령이 없어서 틀리는 경우도 있습니다. 그럴 때는 쉬운 내용으로 된 문제집을 풀게 하셔도 됩니다. 또는 아이가 어려워하는 단원만 골라서 풀게 해도 됩니다. 처음부터 마지막 페이지까지 다 풀어야 한다는 부담감은 버리세요.

논술 학원에 다니면
글쓰기를 잘한다?

초등학교 교육 과정에 "'쓰기'는 문제를 해결하고, 의미를 구성하며, 사회적으로 소통하는 행위이다"라고 정의되어 있습니다. 중학교 교과서에도 '건의하는 글쓰기'라는 단원이 있습니다. 사회에서 발생하는 문제를 개선하기 위해서는 여러 사람이 목소리를 내야 하는데, 사람들의 의견을 모으는 방식은 공감을 불러일으키는 글을 통해 가능합니다.

"똥 학교는 싫어요!"

부산의 한 초등학교 부학생회장 선거에 출마한 5학년 어린이는 '학교 이름 바꾸기'를 공약으로 내걸어 큰 호응을 받았습니다. 이 학교 학생들은 그동안 '대변초등학교'라는 이름 때문에 다른 학교 학생들에게 '똥 학교'라고 놀림을 받아 왔다고 합니다. 대변초등학교 학생들은 교명 변경을 위해 4천여 명의 시민들에게 서명을 받는 등 변화를 이루어내기 위해 시민으로서 목소리를 내었고, 이것이 여러 언론에 소개되며 아이들의 노력으로 결국 학교는 2018년 3월 '용암초등학교'라는 새 이름을 얻게 되었습니다.

최근 글쓰기의 중요성을 강조하는 책이 많이 출간되고 있습니다. 그래서 글쓰기를 잘하면 여러 과목 공부에도 도움이 된다는 인식을 갖게 된 학부모님들도 전에 비해 많아졌습니다. 문제집을 푸는 것보다 글을 쓰고 독서를 하는 것이 초등학생의 진짜 국어 실력 향상 비결이라는 인식이 생겨서 다행입니다. 다만 글쓰기를 위해 논술 학원을 보내야 할지 고민하는 학부모님들도 동시에 늘어나는 것 같습니다.

보통 논술 학원에서는 독서를 하고 글쓰기도 합니다. 그런데 안타깝게도 논술 학원을 다닌 학생들은 대체로 정형화된 글을 씁니다. 사실 단기간에 학생의 글쓰기 실력을 높이기 위해서는 어느 정도는 일정한 패턴으로 글쓰기를 반복해야 합니다. 하지만 이건 자칫 글쓰기의 진정한 재미에서 멀어지는 길이 될 수도 있습니다. 글쓰기 실력은 쓰고자 하는 마음에서 자라니까요. 물론 대입 수시 논술전형을 목표로 한다면 논술 학원에 가는 것이 필요합니다. 하지만 초등학생이라면 논술 학원에 가는 것보다는 우리 아이가 어느 정도의 수준을 읽고 이해할 수 있는지 확인하는 것이 필요합니다.

저는 공교육에 몸담고 있는 사람이지만 사교육을 완전히 배척하는 것은 바람직하지 않다고 생각합니다. 사교육 역시 훌륭한 효과를 낼 수 있다고 믿습니다. 또한, 부모가 맞벌이를 하거나 어린 동생이 있어서 엄마표로 공부하기 어려운 상황이라면 적절하게 활용할 수도 있을 겁니다. 다만 일정한 비용을 지불하는 만큼 제대로 된 효과를 내는지 꾸준히 확인할 필요가 있다고 생각합니다.

☑ 낱말(www.natmal.com/views/lq) 독서력 검사

㈜낱말 사이트를 통해 아이들의 독서력 수준을 검사해 볼 수 있습니다. 제가 근무하는 중학교에서는 1학년을 대상으로 독서력 검사를 진행했습니다. 학생들의 어휘력, 독해력, 여러 분야의 독서력을 측정해 독서 지도에 활용하기 위해서 필요하다고 판단했습니다. 유료 서비스이지만 자녀의 수준에 맞는 책을 선택하는 데 도움이 될 것입니다. ㈜낱말 사이트에서 온라인으로 진행할 수 있으며, 학년에 따라 검사지는 다릅니다.

초등 국어력 향상,
학원보다 좋은 것이 있습니다

저는 아이들에게 국어 문제집을 사 주지도 않고, 국어 학원을 보내지도 않습니다. 엄마가 국어 교사이니 집에서 가르치지 않을까 생각할 수도 있습니다. 하지만 저는 문제집보다 책을 많이 읽게 합니다. 『이상한 과자 가게 전천당』처럼 아이가 좋아하는 신간 도서가 나오면 도서관에 희망 도서 신청을 합니다. 다른 사람이 빌려 갔으면 예약 신청을 합니다. 도서관을 가고 싶은 이유를 만들어 둡니다.

도서관 프로그램도 적극적으로 활용합니다. 아이에겐 다양한 체험활동이 무척 중요하다고 생각합니다. 그리고 그런 경험에서 느낀 것을 쓰도록 하는 것이 제대로 된 국어 공부라고 강조하고 싶습니다. 도서관도 여러 곳을 다닙니다. 가령 만화나 판타지 특성화 도서관에 가면 가족이 즐겁게 책을 읽을 수 있습니다. 도서관에서 운영하는 프로그램들도 찾아보면 다양하고 많은데요, 작가 초청 강연회, 문화 강좌, 함께 읽기, 겨울 독서 교실 등 다양한 프로그램을 무료로 즐길 수 있습니다.

저는 집 근처에 있는 도서관 홈페이지를 일주일에 두 번 정도 방문합니다. 그리고 공지사항에서 필요한 정보들을 얻습니다. 또한 한국도서관협회(www.kla.kr/kla) 홈페이지 상단 메뉴바의 '주요소식〉최신 도서관 뉴스' 탭을 보면 다양한 도서관 프로그램을 확인할 수 있어서 종종 관심이 가는 프로그램이 있으면 직접 아이들과 참여하기도 합니다. 〈온라인 3D 프린터 특강〉을 듣고,

완성작품을 파일로 선생님 카톡으로 보내고 출력물은 도서관에서 찾아오기도 했습니다. 또, 온라인으로 진행하는 역사 강연을 듣기도 했고, 동지에는 전래동화를 듣고 딸기찹쌀떡을 만드는 행사에도 참여했습니다. 독서 모임이나 신문 활용 수업도 앞으로 시간이 되면 꼭 한번 듣고 싶은 수업입니다.

이렇게 독서와 관련된 다양한 체험활동들을 접하게 하는 것이 길게 봤을 때는 학원에 다니며 얻는 효과보다 국어 실력을 높이는 데 더 크게 작용하리라 생각합니다.

수능으로 이어지는
국어 공부의 방향
– 초등

제1장

초등학교
학년 공통
국어 공부

국어 실력 차가 뚜렷한
초등 교실의 현실

요즘은 대부분의 아이들이 유치원에서 한글 쓰는 법을 배워서 초등학교에 입학합니다. 물론 입학 후에 한글을 배우는 경우도 드물게는 있습니다. 하지만 앞서거나 뒤서거니 한글을 떼고 나면 이 시기에는 학생들 간 국어 실력에 큰 차이가 없습니다.

하지만 학년이 올라가면서 평소 책을 읽은 학생과 그렇지 않은 학생은 점점 차이가 나기 시작합니다. 자기 학년 수준의 책을 읽기 어려워하는 아이라면 기본적으로 어휘력이 부족한 경우가 많습니다. 그리고 눈에 보이진 않지만 배경지식과 독해력, 집중력과 사고력도 현저히 차이가 납니다.

저는 작년에 학습연구년에 선발되어 학교에 가지 않고, 집에서 연구 활동을 했습니다. 그래서 초등 4학년인 둘째가 원격으로 수업을 듣는 모습을 옆에서 지켜볼 기회가 자주 있었는데, 4학년인데도 선생님의 설명을 이해하지 못하는 학생들이 많아 놀랐습니다. 한 번 설명한 내용을 아이들이 알아듣지 못해 재차 삼차 설명하시는 모습이 자주 보여 선생님 목이 많이 아프시겠다는 생각이 들 정도였습니다.

만약 아이가 수업 중에 쓰이는 어휘를 모른다면 해당 수업 내용을 이해하지 못할 것이고, 이해하지 못하니 수업이 재미없고, 공부가 어려워지니 시험 문제를 못 풀게 되는 악순환이 이어집니다. 그 격차는 학년이 올라가면서 점점 벌어질 수밖에 없습니다.

새 학기가 시작되고 얼마 지나지 않아 중학교에서 기초학력 진단평가를 봤습니다. 국어, 수학, 영어, 사회, 과학 5과목을 보고, 미도달 점수에 해당하는 학생들은 방과 후에 보충 수업을 진행하기로 했습니다. 미도달의 경우라도 대부분은 한두 과목에서 미도달 진단을 받았는데, 중1 학생 중 2명이 모든 과목에서 미도달이라는 결과가 나왔습니다. 그래서 두 학생은 국어 보충 수업을 받기로 했습니다. 중학생이지만 어휘력과 독해력이 낮기 때문에 초등학생을 대상으로 하는 교재로 공부했습니다. 하지만 보충 수업

몇 번만으로 이 학생들의 실력을 끌어올릴 수는 없었습니다. 수업 시간에 제대로 이해하지 못하고 버티듯 앉아 있어야만 할 아이들의 상황이 안타까웠습니다.

반면에 독해력지수 검사 후 가장 높은 점수를 받은 학생은 어떻게 초등학교 때 공부를 했는지 무척 궁금해졌습니다. 이 검사에서 가장 높은 점수를 받은 수진이는 1학년 국어 시간이 끝나고 저에게 찾아와 국어 심화반을 만들어 달라고 했습니다.

"1학년은 시험이 없어. 그런데 왜 국어 심화반이 있어야 한다고 생각했어?"

"초등학교 때는 매일 책을 읽었는데요, 중학교에 들어오니까 이것도 해야 하고, 저것도 중요해서 책을 많이 못 읽어요. 국어 심화반이 생기면 중학교 국어에 필요한 핵심 도서를 더 많이 읽을 수 있을 것 같아요."

"지금은 얼마나 읽는데?"

"일주일에 2~3권도 못 읽어요."

그 정도면 많이 읽는 거라고 말해 주며 수진이와의 대화를 끝냈습니다. 그리고 점심시간에 수진이를 따로 만나 초등학교 때 어떻게 독서를 했는지 물었습니다. 수진이 어머니는 어렸을 때 자녀에게 책을 정말 많이 읽어 주셨다고 합니다. 수진이가 4학년 때는 아빠가 매일 도서관에서 1시간씩 책을 읽도록 해서 도서관에서 살았다고 하고요. 매일 도서관에 가야 해서 가기 싫을 때도 있었는데, 그럴 때는 추리소설이나 문학책을 읽었다고 합니다. 그러다가 어느 순간 책을 많이 읽어야 공부를 잘할 수 있겠다는 생각이 들어서 하루에 200쪽씩 읽었다고 하네요.

어떤 책을 읽을지 계획은 세우지 않고 그날그날 끌리는 책을 읽었는데, 읽은 책은 꼭 독서록에 기록했다고 합니다. 읽은 내용을 4~5줄로 요약하고, 느낌을 적고, 실천할 내용을 적으며 읽었더니 내용 이해도 잘 되고, 집중력이 향상되는 효과가 있었다고 해요. 항상 '왜 이런 내용을 적었을까?', '다음에 어떤 내용이 나올까?'를 생각하며 읽으려고 했더니 작가의 의도를 파악하는 데 큰 도움이 되었다고 이야기합니다.

이렇게 한 교실에서 다 같이 한국어를 사용하지만, 글을 읽고 이해하는 아이들의 능력은 이미 너무나 큰 차이가 나 있었습니다.

평생 자산이 될
기록하는 습관 들이기

　　온라인 학습이 진행되는 동안 눈에 띄는 게 있었습니다. 바로 '필기의 부재'입니다. 많은 학생이 선생님의 설명을 듣기만 하고, 중요한 내용조차 적지 않았습니다. 등교 수업을 할 때도 필기를 했는지 확인한다고 여러 번 이야기를 하면 그제야 마지못해 적습니다. 수업 시간에 필기한다는 것은 선생님의 이야기를 집중해서 듣는다는 것입니다. 그리고 공부한 내용을 기억하기 위해서도 적어 두어야 합니다.

　　기록의 중요성을 이야기할 때 자주 인용되는 연구 사례가 있습니다. 브라이언 트레이시의 『목표 그 성취의 기술』(김영사)에 따르면 1979년 미국 하버드 MBA 과정 졸업생들에게 "명확한 장래 목표를 설정하고 기록했는가?"라고 질문했을 때 단 3%만이 자신의 목표와 목표 달성을 위한 계획을 세워 기록해 놓았다고 했고, 13%는 목표가 있기는 했지만 기록하지는 않았다고 했습니다. 그로부터 10년 후 목표가 있었던 13%는 목표가 없었던 84%의 졸업생들보다 평균 2배의 수입을 올리고 있었고, 명확한 목표와 계획을 기록해 두었던 3%는 나머지 97%의 졸업생들보다 10배의 수입을 올리고 있었다고 합니다. 꼭 돈을 많이 벌고 성공하기 위해서 기록을 하는 건 아니지만, 기록을 했을 때 목표를 이룰 확률이 높다는 건 생각해 봐야 할 부분입니다.

『대통령의 글쓰기』(메디치미디어)의 저자 강원국은 자신의 머릿속에 있는 것만으로 글을 쓸 수는 없다고 했습니다. 글쓰기를 위해 책상 앞에 앉더라도 무엇을 써야 할지 생각이 나지 않아 막막한 경우가 대부분입니다. 그럴 때는 자신이 책을 읽으며 모아 두었던 글이 실마리가 되어 생각의 실타래가 풀리는 걸 경험할 수 있습니다.

아이들도 마찬가지입니다. 학교에서 글쓰기를 할 때 학생들은 시작을 무척 어려워합니다. 쓸거리가 없다면서 고민하느라 시간만 흘러가는 경우가 많습니다. 이럴 때 적절한 소재를 찾을 수 있고, 발표 준비를 할 때도 도움을 받을 수 있도록 평소에 나만의 기록 저장창고를 만들어 두면 좋습니다.

아이들이 가지고 있는 스마트폰을 사용하면 기록이 더 쉬워질 수도 있습니다. 스마트 펜을 이용해 중요한 내용을 바로 메모할 수도 있고, 갑자기 떠오르는 생각을 스마트폰 녹음 기능을 활용하면 기록하기 어려운 순간에 소리로 담을 수도 있습니다. 에버노트나 노션 같은 메모 앱을 활용하면 메모하고 자료를 보관하는 데 큰 도움이 됩니다. 또는 하루하루 일기를 쓰도록 유도하는 것도 좋습니다. 기록하지 않으면 자료는 허공에서 공중분해되는 일이 생기니까요.

저는 책을 읽으면 꼭 기록합니다. 기록하지 않으면 무슨 책을 읽었는지 알 수가 없습니다. 책을 읽다가 마음에 드는 부분은 포스트잇으로 표시를 하고, 독서가 끝나면 컴퓨터에 입력을 합니다. 공책에 글로 쓰는 사람들도 있지만 저는 나중에 쉽게 검색하기 위해 컴퓨터에 저장합니다. 읽은 후 머릿속에 남는 문장이 없다면 느낌이라도 한 줄 기록해 둡니다. 이것도 부담스럽다면 제목이나 저자라도 기록하는 습관을 갖는 게 중요합니다.

참고로 독서록을 쓸 때는 다음과 같은 내용들을 적어 두는 것이 좋습니다.

* 독서록에 기록할 내용 *

1. 읽은 날짜, 책 제목, 저자, 연간 누적 권수
2. 중요 문장(페이지도 적어 두기, 인용을 위해서 필요)
  – 저자가 말하고 싶은 핵심 내용이 담긴 문장
  – 나와 관련 있는 문장
  – 참신한 표현이 담긴 문장
3. 책을 읽으면서 생긴 질문
4. 책을 읽고 깨달은 것

문제집이 필요 없는
똑똑하게 교과서 읽기

지금부터 모든 학습의 기본이라고 하는 교과서를 제대로 읽는 방법을 알아보겠습니다. 교과서를 읽을 때 제일 중요한 것은 구성을 살펴보는 겁니다. 과목마다 구성이 약간씩 다릅니다.

국어 교과서 제대로 읽기

국어 교과서를 제대로 읽는 제일 좋은 방법은 '질문하며 읽는 것'입니다. 선생님의 설명을 일방적으로 듣고 이해하는 학습 방법으로는 사고력을 키울 수 없습니다. 왜 그럴까요? 사고력은 스스로 질문하고 생각하는 과정에서 자라기 때문입니다.

아이들이 교과서를 읽을 때 다음의 과정을 따라 해 보도록 지도해 주세요. 모르는 단어가 나오면 일단 밑줄을 긋습니다. 또는 포스트잇을 사용해도 됩니다. 조금 넓은 포스트잇에 단어와 뜻을 적고, 예문도 만들어 보면 그 단어를 활용하는 법까지 익힐 수 있습니다. 모르는 단어가 나온다고 무턱대고 사전부터 찾는 것은 좋은 습관이 아닙니다. 앞 문장과 뒤 문장을 읽으면서 그 단어의 뜻을 짐작하려고 노력하는 것이 좋은 태도입니다. 그런 다음에는 자신이 잘 알고 있는 단어로 그 단어를 바꿔서 써 보고 의미가 통하는지 확인합니다. 사전은 그다음 단계에 찾아봐야 합니다.

자녀가 저학년일 경우에는 교과서를 소리 내어 읽어 보게 하는 것이 좋습니다. 소리 내어 읽는데 의미 단위가 아닌 부분에서 끊어 읽는다면 아이와 함께 끊어 읽는 단위를 표시하고 읽는 연습을 하면 좋습니다.

◈ 시 제대로 읽기

문학 작품 중에서 시를 읽을 때는 이미지를 머릿속에 그리면서 읽는 습관을 갖도록 하면 도움이 됩니다. 그리고 세 가지를 기억해야 하는데, 바로 화자의 상황, 정서, 태도입니다. 시에서 말하는 사람을 '화자'라고 하는데, 화자에 대해 알 수 있는 정보, 예를 들면 나이나 성별 등을 시에서 먼저 찾아봅니다. 그런 뒤에 화자가 처한 상황을 물어보고, 그런 상황에서 화자는 어떤 감정을 느끼고 있는지 확인합니다. 마지막으로 화자가 그런 감정을 갖고 어떤 태도를 보이는지 답할 수 있다면 시를 제대로 감상했다고 볼 수 있습니다. 이렇게 반복하면 작품 내용이 그림처럼 펼쳐지는 것을 알 수 있습니다.

◈ 소설 제대로 읽기

소설을 읽을 때는 인물의 말과 행동을 생각하면서 읽습니다. 장편소설은 갈등이 두드러진 장면을 교과서에 싣는 경우가 많습니다. 가장 극적이어서 읽는 사람들도 재미를 느낄 수 있거든요. 소설을 읽기 전에는 제목을 보면서 '이 소설의 제목에 담긴 의미는 무엇일까?'와 같은 내용을 예측할 수 있는 질문을 해 봅니다. 소설을 읽으면서는 '주인공의 말이나 행동이 어떤 의미가 있을까?'를 생각해 봅니다. 중간 크기의 포스트잇을 준비해서 질문에 대한 답을 적어 보면서 읽어도 좋습니다. 이렇게 읽으면 그냥 읽을 때보다 훨씬 내용에 몰입해서 읽을 수 있습니다. '지금까지 내용으로 보아 이 소설의 결말은 어떻게 될까?'를 예상해 보고, 그런 뒤에 소설의 결말과 자신이 예상한 결말의 차이를 확인해 보면 소설을 깊이 있게 이해할 수 있습니다.

◈ 설명문·논설문 제대로 읽기

설명문을 읽을 때는 중심 문장과 뒷받침 문장을 생각하면서 읽어야 합니다. 설명문은 대상의 정보를 제공할 목적으로 쓴 글이기 때문에 적절한 설명 방법을 사용해 글을 쓰게 됩니다. 이걸 파악하면서 읽으면 독해 연습도 할 수 있습니다. 설명문은 요약을 연습하기 적당한 글이기도 합니다. 먼저 문단의 중심 내용을 한 문장으로 요약합니다. 이때 본문에 나온 말을 그대로 옮겨 적지 않고 자신의 말로 재구성해서 써야 합니다. 문단의 내용을 통해 글 전체 구조를 파악해 문장의 연결을 자연스럽게 고치고 완결된 글로 씁니다. 그리고 요약한 글이 글쓴이의 생각과 달라지지 않았는지 다시 읽어 봅니다.

논설문을 읽을 때는 글쓴이의 의견을 파악하며 읽으려고 노력해야 합니다. 논설문을 읽은 후에는 글쓴이의 주장을 파악해야 하며, 글쓴이의 주장을 뒷받침하는 타당한 근거가 무엇인지 알아야 합니다. 그런 다음, 글쓴이의 주장에 대해 자신의 생각을 적어 보면 됩니다. 이렇게 주장과 근거를 찾으면서 읽으면 요약을 하거나 글을 쓰기 위한 개요를 작성할 때 큰 도움이 됩니다.

국어책을 읽으면 문단의 개념을 익히는 데 큰 도움이 됩니다. 문단은 하나의 통일된 생각 덩어리입니다. 제일 중요한 중심 문장이 문단의 앞이나 뒷부분에 있고, 그 중심 문장을 뒷받침하는 보조 문장으로 구성되어 있습니다. 독해 연습을 많이 안 한 학생은 문단이라는 개념이 머리에 잡혀 있지 않습니다. 그런데 국어책은 문단 단위로 정리가 아주 잘 되어 있습니다. 그래서 많은 국어 교사가 설명문이나 논설문을 가르칠 때 문단 앞에 번호를 쓰도록 하고, '처음-중간-끝' 구성이 어떤 문단으로 이루어져 있는지 알려 줍니다.

사회·과학 교과서 꼼꼼히 읽기

사회·과학 과목은 초등학교 3학년부터 배웁니다. 그런데 이 과목들은 일상에서 잘 사용하지 않는 용어들이 많아 아이들이 어렵다고 합니다. 이때 교과서 속 학습 용어만 정확히 익혀도 공부의 절반을 한 거나 다름없습니다. 각 단원의 주요 학습 용어를 아이들이 직접 마인드맵 형식으로 정리해서 내용을 이해하도록 도와 주세요.

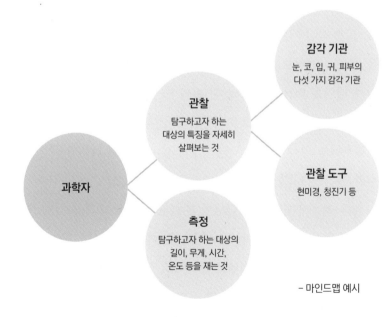

– 마인드맵 예시

◆ 사회 교과서 꼼꼼히 읽기

초등학교 사회 교과서에는 정말 다양한 내용들이 포함되어 있습니다. 정치, 법, 사회, 문화, 지리, 역사 등 중학교와 고등학교에서 배우는 내용의 바탕이 모두 담겨 있습니다. 그래서 사회 교과서를 제대로 읽기 위해서는 먼저 공부하는 부분이 어떤 영역에 속하는지 파악하려고 노력해야 합니다. 대단원과 소단원 제목을 보면 어느 영역에 속하는지 알 수 있습니다.

사회 교과서는 도대체 어떻게 읽어야 하는지 당황스럽다는 학생들이 많습니다. 그림, 그래프, 표 등의 의미를 읽지 못하면 내용을 제대로 이해할 수 없기 때문입니다. 그래서 그림이나 그래프, 표에 담긴 개념을 파악하는 것이 필요합니다. 지리 영역을 읽을 때는 시각적으로 정리된 자료인 지도를 잘 살펴봐야 합니다. 역사 영역을 읽을 때는 사건의 흐름을 정리하면서 읽으면 좋고, 어떤 원인으로 해당 결과가 나왔는지 생각하면서 읽어야 합니다. 교과서에는 역사가 보통 간략하게 수록되어 있기 때문에 시중의 역사책을 함께 읽는 것이 좋습니다.

사회 교과서에 나오는 다양한 영역의 내용을 오래 기억할 수 있는 좋은 방법은 이미지로 개념을 정리하는 것입니다. 마인드맵 등의 그림을 그리면서 개념을 정리하면 큰 도움을 받을 수 있습니다. 또, 중요한 개념이 나오면 국어사전에서 뜻을 찾아보고, 한

자도 눈으로 익혀 둡니다. 비슷한 개념이 파생될 때 한자어를 쓸수는 없더라도 뜻을 이해하고 있으면 도움이 됩니다. 『진검승부 부수 한자 사전』(정원제 저, 지노)은 부수 한자의 구성 원리부터 다양한 글자들의 사연이 설명되어 있는 책입니다. 부수는 한자를 이해하고, 단어의 의미를 파악하는 데 도움이 되기 때문에 이 책을 가볍게 읽어 보는 것도 좋습니다.

◈ 과학 교과서 꼼꼼히 읽기

과학의 경우 교과서를 소홀히 대하는 경우가 많습니다. 요즘은 과학을 학습만화로 만들어 초등학생의 이목을 끌기에, 과학 교과서는 학생들이 재미를 느끼기 어렵습니다. 하지만 교과서에는 개념과 원리가 잘 정리되어 있습니다. 그래서 교과서를 잘 읽고 생각하는 과정에서 문제 해결력을 키울 수 있습니다.

과학 교과서도 사회 교과서와 마찬가지로 그림이나 사진을 본문 설명과 연결 지어 읽어야 합니다. 두 대상의 공통점을 이야기하는 비교나 두 대상의 차이점을 이야기하는 대조의 방식으로 설명하는 경우가 많기 때문에 유의해서 읽어야 합니다. 또, 교과서 설명을 보고 실생활에 적용된 예시도 함께 살펴보면 좋습니다.

과학 교과서에서는 한 페이지에 한두 개의 문단으로 개념을 설명하는 경우가 많습니다. 국어 교과서를 읽을 때 문단의 중심 문장과 뒷받침 문장을 파악하면서 읽어야 한다는 이야기를 했는데, 과학 교과서를 읽을 때도 이 기술을 활용해서 읽으면 중요한 개념을 파악하는 데 도움이 됩니다.

초등학교 과학 교과서에 나오는 실험 자체는 어렵지 않지만 용어가 어렵습니다. 그래서 학습도구어를 익히는 것이 필요합니다. 학습도구어란 '교과서를 읽고 이해하기 위해 꼭 알아야 할 어휘'로서, 일상생활에서 쓰이는 어휘와는 구별됩니다.

잠깐! 알고 가기

* 일상어
  나누다

* 학습도구어
  분류(分類): 사물을 종류에 따라 가름
  분석(分析): 복잡한 현상을 여러 각도로 풀어서 논리적으로 해명
  구별(區別): 어떤 것과 다른 것을 차이에 따라 나눔

이런 학습도구어는 교과서에 보통 굵게 표시되어 있는 경우가 많습니다. 그 개념들은 꼭 이해하고 뒤 문장으로 넘어가야 합니다. 그런데 개념을 잘 모르겠다면 예를 들고 있는 부분을 여러 번 읽어 보려는 노력이 필요합니다. 중요한 개념에 밑줄을 긋고 눈

으로 다시 파악하는 것도 필요합니다.

학년이 올라가면 과학 개념과 원리 및 용어도 어려워지기 때문에 그때마다 익혀 두어야 합니다. 『하루 10분 문해력 글쓰기』(박재찬 저, 길벗)의 넷째 마당을 보면 과학 교과 문해력 다지기가 나와 있습니다. 과학 교과 어휘를 익히고, 그 어휘를 활용해 글쓰기를 하면 완벽하게 내 것으로 만들 수 있습니다. 중학교로 이어지는 학습 어휘도 있기 때문에 예습에도 도움이 됩니다.

과학 교과서를 읽는 것이 어렵다고 해서 자습서를 먼저 참고하는 것은 좋은 습관이 아닙니다. 스스로 먼저 읽고 내용을 이해한 뒤에 정리하고, 그 뒤에 부족한 부분을 자습서를 보고 채워 넣는 것은 학습에 도움이 됩니다. 하지만 이런 개념 정리를 위한 노력 없이 바로 참고서에 나와 있는 개념 정리를 보는 것은 피하는 것이 좋습니다.

교과서 제대로 읽기는 특히 초등학생들에게는 아주 중요한 공부 방법입니다. 초등학교 선생님들이 교과서 읽기의 방법을 자세히 적은 책을 소개하겠습니다. 『초등 교과서 읽기의 기술』(좌승협 외, 멀리깊이)이라는 책인데, 학년별 교과서 읽기 방법과 과목별 읽기 방법이 교과서 사진과 함께 구체적으로 제시되어 있으니 참고하실 수 있을 겁니다.

국어 실력 향상을 위한
환경 조성하기

초성 퀴즈를 한번 풀어 볼까요? 'ㅁㅁㅅㅊㅈㄱ'. 어떤 단어가 떠오르나요? '고사성어, 이사, 어머니, 교육' 이 정도의 힌트를 더하면 머릿속을 스치는 말이 있을 겁니다. 바로 맹모삼천지교(孟母三遷之敎)입니다.

맹자가 처음 살았던 곳은 묘지 근처였다고 합니다. 주변에서 보고 듣는 것이 상여와 곡소리라 맹자는 늘 곡하는 흉내만 냈다고 하네요. 이를 보고 자식 기를 곳이 못 된다고 생각한 맹자의 어머니는 시장 근처로 집을 옮겼고, 이번에는 맹자가 장사하는 모습을 흉내 냅니다. 그러자 자식 교육을 위해 맹자의 어머니는 또다시 이사를 가는데, 서당 근처로 이사했더니 맹자가 글을 읽기 시작해 그곳에 정착하게 되었다는 유명한 고사입니다.

저희 가족은 '도서관 옆집'에 삽니다. 집 거실에서 도서관까지는 2분 거리입니다. 저희 부부는 늦은 시간까지 학원에 다니느라 힘들어하는 학생들을 보며, 사교육의 힘을 빌리지 않고도 공부를 잘할 수 있는 방법이 뭐가 있을지 고민했습니다. 그 결과 저희 부부는 맹자 어머니의 지혜를 따르기로 했습니다. 그래서 첫째 아이가 6살, 둘째 아이가 1살일 때 도서관 옆집으로 이사를 했고, 지금까지 계속 살고 있습니다.

저희가 아이들을 위해 한 일 중 가장 잘한 일은 어렸을 때 도서관 옆집에 살면서 도서관에 자주 가서 독서를 삶의 일부분으로 만들어 준 일입니다. 아이들의 독서를 장려하기 위해 '독서통장'을 활용했습니다. 아이들은 책 한 권을 읽으면 100원 쿠폰을 받습니다. 이 쿠폰은 앞면에는 금액이 써 있고 뒷면에는 읽은 책의 제목, 저자, 느낀 점을 쓰게 되어 있습니다. 그런 뒤에 독서 저금통에 집어 넣을 수 있습니다. 하루에 모을 수 있는 돈은 500원입니다. 저희 아이들은 이 독서통장에 푹 빠져서 도서관이 쉬는 날을 빼고는 매일 도서관에 출근 도장을 찍었습니다.

이렇게 독서 습관을 갖게 되자, 책을 읽으라고 잔소리를 하지 않아도 아이들은 자연스럽게 집에서도 책을 읽었습니다. 둘째가 초등학교에 입학했을 때 제가 육아휴직을 한 상태였기 때문에 저도 아이들과 함께 도서관에 갔습니다. 학년이 올라가니 독서통장은 더이상 효율적이지 않았습니다. 아이들이 긴 책을 읽어도 100원, 짧은 책을 읽어도 100원 종이 쿠폰을 받게 되니 짧은 책만 읽으려고 하는 경향이 두드러져서 더이상 하지 않았습니다. 그래도 그렇게 초등학교 저학년 때 만들어진 독서 습관은 유지가 되었습니다.

첫째가 초등학교 5학년이 되었을 때는 하루에 20분씩 글쓰기를 했습니다. 처음에 글쓰기를 시도할 때는 아이가 싫어했지만, 아이와 대화로 글쓰기의 중요성을 이야기하자 아이도 글쓰기를 하면 좋다는 것을 점점 인식하게 되었습니다.

처음에는 아이가 좋아하는 음식에 대해서 써 보기로 했습니다. 먼저 연꽃 발상을 활용했습니다. '연꽃 발상'이란 연꽃 모양으로 아이디어를 점차 생각해 내는 방법입니다. 연꽃의 중심부에 핵심 단어를 적고, 주변의 꽃잎 모양에는 관련 단어를 적는 식입니다. 다음에 나오는 '연꽃 발상'의 예를 보면, 아이는 연꽃의 중심부에 '음식'이란 단어를 적고, 꽃잎 모양에 관련 단어를 적었습니다.

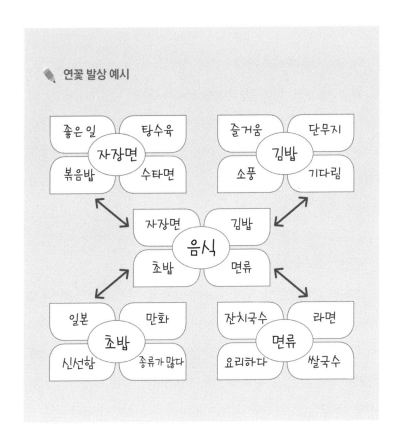

그다음은 연꽃 발상에 적은 단어들을 바탕으로 음식을 먹었던 경험과 느낌을 하나의 문단으로 구성하고, 하나의 문단에는 3~5 개 정도의 문장들을 적어 보게 했습니다. 아이는 '내가 좋아하는 음식'이란 주제로 다음과 같은 글을 썼습니다.

✎ **내가 좋아하는 음식**

외식을 하러 갈 때 가장 중요한 것은 바로 메뉴를 정하는 일이다. 내가 좋아하는 자장면, 초밥, 또는 면으로 만든 음식이라면 좋지만 아빠가 좋아하는 어죽을 먹자고 하면 싫다. 집 근처 수타면으로 만든 자장면은 생각만 해도 군침이 돈다. 초밥을 먹을 때면 만화 <초밥왕>에서 본 장면들이 떠오른다. 쌀국수, 라면, 우동, 비빔국수처럼 면으로 만든 요리라면 어떤 거라도 상관없다.

공부를 잘한다는 것은 학교 시험에서 좋은 성적을 받고, 더 좋은 상급 학교로 진학하기 위한 수단이라고 생각하는 학부모님들이 많습니다. 그런데 긴 인생을 살면서 새로운 것에 대한 배움의 즐거움보다 좋은 성적 얻기에만 몰두한다는 것은 슬픈 일입니다. 어린 시절 읽었던 책 한 권으로 꿈이 자라고 인생이 달라질 수 있습니다. 독서는 인생을 살다가 길을 잃었을 때 방향을 찾아 주기도 하니까요. 아이가 책을 좋아할 수 있도록 부모도 함께 책을 읽어야 합니다.

세계적인 베스트셀러 작가인 스티븐 킹은 『유혹하는 글쓰기』(김영사)에서 자신이 작가가 될 수 있었던 이유를 'TV가 없던 시대에 태어나서'라고 했습니다. 어른들이나 아이들이 책을 읽지 않는 이유는 책보다 재미있는 것이 많기 때문입니다. 요즘은 거실에 TV를 치우는 집도 많아지고 있습니다. 물론 무엇이 맞는지 정답은 없습니다. 가족 간의 대화와 협의로 결정할 일입니다.

구글의 전 CEO 에릭 슈미트는 미국 펜실베이니아대학 졸업 축사에서 "컴퓨터를 끈다. 휴대전화도 꺼라. 그러면 주위에 사람들이 있다는 것을 발견하게 될 것이다. 첫발을 떼는 손자, 손녀의 손을 잡아 주는 것보다 소중한 순간은 없다"라는 말을 했습니다.

아이 교육에 있어 중요한 건 환경입니다. 아이가 궁금한 것을 해소할 수 있는 환경을 마련해 주어야 합니다. 아이들이 주로 생활하는 공간에 책, 잡지, 지구본, 국어사전 등이 있으면 좋습니다. 저희집 작은방에는 벽면을 가득 채운 세계지도가 있습니다. 책을 읽거나 TV를 보다가 낯선 지명이 나오면 달려가서 위치를 확인합니다. 커다란 칠판이 방에 있어도 좋습니다. 좋은 생각이 떠오를 때마다 메모지를 찾아 헤매다 보면 생각은 공중으로 사라집니다. 그러니 생각이 날 때마다 바로 칠판에 적어 놓으면 나중에 칠판에 적은 생각들이 좋은 아이디어가 되어 하나의 작품으로 탄생하기도 합니다.

아이는 지식 생산자가 될 수 있어야 합니다. 궁금한 것이 생기면 유튜브를 검색하는 것이 아니라 책을 읽고, 해결한 것은 글로 남길 수 있는 능력을 갖추면 국어 실력은 저절로 향상됩니다.

『아날로그의 반격』(데이비드 색스 저, 어크로스)에서는 인터넷을 사용하는 시간이 길수록 수학 성적이 낮아진다고 합니다. 국어 실력도 마찬가지 아닐까요? 어른들도 스마트폰을 사용하다 보면 시간 가는 줄 모르고 빠집니다. 당연히 아이들도 스마트폰 사용 시간을 줄이는 일에 어려움이 많습니다. 따라서 스스로 통제하는 힘을 기르기 전까지는 환경을 조성해 주는 것이 중요합니다.

저희 집에는 스마트폰 사용과 관련해서 몇 가지 규칙이 있습니다. 우선 식탁에서는 절대로 스마트폰을 보지 않습니다. 이는 외식을 할 때도 마찬가지입니다. 학급 학생이 급하게 연락을 하거나 택배 연락을 받아야 하는 상황은 가족들에게 양해를 구합니다. 저희는 저녁을 먹은 후에는 스마트폰을 거실에 모아둡니다. 제가 스마트폰으로 쇼핑몰에서 옷을 보고 있으면 저희 둘째가 '폰쟁이'라고 놀려서 사용하지 않으려고 노력합니다. 둘째는 스마트폰으로 게임을 하는데, 정해진 시간이 있어서 타이머를 설정해 두고 그 시간에만 합니다. 스마트폰에서 멀어져야 독서를 할 수 있게 됩니다.

독서가 부담스러운
공부가 되지 않게 하기

출판 시장에서 '문해력'이 화두가 되면서 엄청나게 많은 책들이 나오고 있습니다. 물론 전문가들이 심혈을 기울여서 만든 책이니까 문해력을 키우는 데 도움이 될 거라고 생각합니다. 하지만 정말 중요한 건 아이들 입장에서 생각해 보는 겁니다. 학교에서 공부하고 학원에서 또 공부했는데, 쉬는 시간 없이 문해력을 키우기 위해 책까지 읽으라고 하면 얼마나 힘들까요?

자녀 스스로 독서의 필요성을 느끼지 못한다면 책과는 점점 멀어질 것입니다. 저학년 때는 부모에게 사랑받기 위해 책을 열심히 읽을 수도 있습니다. 책 읽는 모습을 부모가 흐뭇하게 바라봤을 테니까요. 그런데 사춘기가 오고 중고등학생이 되어서도 그런 이유로 책을 읽을까요?

아이들은 재미있으면 무슨 일이든 열심히 합니다. 더운 여름에도 운동장이나 놀이터에서 땀을 뻘뻘 흘리면서 뛰어노는 아이들을 보면 감탄이 나오죠. '아, 저런 열정으로 공부를 하면 얼마나 좋을까?'라면서요. 아이들은 즐거운 일을 할 때 지속력이 강합니다. 반면, 하기 싫은 일은 금방 싫증을 냅니다. 따라서 우리 아이들이 독서를 해치워야 하는 숙제로 느끼지 않도록, 그리고 독서가 정말 재미있다고 느낄 수 있도록 도와주는 것이 초등학교 시절에 해야 할 중요한 일입니다.

책을 읽는 기쁨을 느끼려면 작가와 적극적으로 대화하며 읽어야 합니다. 그 대화의 시작은 바로 적절한 질문입니다. 그럼 책을 읽으면서 무슨 질문을 해야 할까요? 바로 다음과 같은 질문들이 필요합니다.

- 이 책에서 내가 알고 싶은 것은 무엇일까?
- 이 책은 무엇에 대해 말하고 있는가?
- 저자의 주장과 근거는 이치에 맞는가?

고전 문학도 가까이하면 좋습니다. 중고등학교에서는 많은 고전 시가를 배웁니다. '태산이 높다 하되 하늘 아래 뫼이로다', '이

몸이 죽고 죽어 일백 번 고쳐죽어' 등은 어른이 되고도 암송할 정
도입니다. 그러나 많은 아이들이 고전 시가에 재미를 느끼지 못
합니다. 가장 큰 이유는 재미있게 배우지 못했기 때문입니다. 어
휘는 생소하고 한자어는 어려운 데다 시험을 대비해 문제풀이 위
주로 배우기 때문에 아이들은 고전 시가를 현재 우리의 삶과는
관련이 없는 '옛날 작품'으로 이해합니다.

하지만 고전 시가도 충분히 재미있게 배울 수 있습니다. 가령
'수업 시간에 너무 졸릴 때', '휴대폰을 안 냈다는 의심을 받을 때',
'화장실에 화장지가 없을 때' 등 학생들이 실제로 겪는 상황을 고
전 시가 장르를 모방하면서 써 보라고 하면 많은 아이들이 흥미
를 갖고 수업에 참여합니다.

수업 시간에 너무 졸릴 때

한 손에는 연필을, 한 손에는 커피를
떨어지는 목은 연필로, 감기는 눈은 커피로 막으려 했더니
졸음이 먼저 알고 지름길로 오더라
- 「탄로가」 패러디, 학생 작품

휴대폰을 안 내고, 게임을 했다는 의심을 받다

휴대폰 모범생의 휴대폰, 항상 조회시간마다 내던 휴대폰

그것을 가방에 숨기고, 조회 때 일부러 내지 않고, 수업 시간에 살짝
켜서, 쌤 몰래 게임을 했다는 어처구니없는 말이 있습니다.
옆에서 누군가 그런 말을 한다 해도 담임쌤께서 짐작해 주소서
— 「개야미 불개야미」 패러디, 학생 작품

화장실에 화장지가 없을 때

저승의 월하노인에게 하소연하여
내세에는 내가 그대 되고 그대가 나 되어
나는 없고 당신이 나를 필요로 하여
그대에게 이 야속함을 알게 했으면
— 「배소만처상」 패러디, 학생 작품

옛사람들의 삶과 현재 아이들의 삶은 다르기도 하지만 같을 수
도 있습니다. 비록 수백 년의 시간적 차이는 있지만, 인간이 처한
상황과 그 속에서 느끼는 감정은 대체로 유사하니까요. 옛 시와
노래를 통해 선조들의 지혜를 배우고, 이를 통해 자신의 문제를
해결하고 어떻게 살아야 할지 생각해 보면 고전문학 읽기가 덜
힘들 겁니다.

국어 공부에 도움이 되는
신문 읽기

MBC 이재은 아나운서는 매일 아침 사무실에 출근하면 책상 위에 아홉 종의 신문이 가지런히 올려져 있다고 합니다. 일간지 일곱 종과 경제신문, 영자신문 각각 한 종입니다. 여기에 오후 2시 넘어 도착하는 석간까지 더하면 총 열 종류의 신문을 읽는 습관이 있다고 합니다.

신문을 읽으면 그날의 핵심 정보를 정리해 주기 때문에 인터넷에서 취사선택해서 읽는 기사 중에 놓친 기사와 정보까지 빼놓지 않고 챙길 수 있습니다. 신문 읽기를 통해 다양한 정보를 골고루 습득할 수 있는 것입니다.

아이들도 자신이 관심 있는 분야의 흐름이나 트렌드를 아는 것이 중요합니다. 문제집을 푸는 것이 신문을 읽는 것보다 당장은 공부에 도움이 될 거라고 생각할 수도 있습니다. 하지만 신문 읽기는 앞을 내다보는 통찰력을 키워 주고 영감을 줄 수 있습니다. 그래서 자기가 관심 있는 분야의 뉴스를 매일 체크하고 정리하는 신문 스크랩을 추천합니다.

아이가 중학교 1학년일 때는 자유학년제로 시험 부담이 없어서 일주일에 한 번씩 한국언론진흥재단의 미디어교육 사이트 포미(www.forme.or.kr)에 있는 수업 지도안을 다운받아서 작성했습니다. 매주 새로운 학습 지도안이 올라오고, 기존에 작성한 자료들도 많기 때문에 신문 활용 교육을 쉽게 할 수 있습니다.

종이 신문을 보는 집이 예전보다 많이 줄었습니다. 저희 집도 신문을 구독했다가 긴 여행을 갈 때 구독 중지 후 재신청하는 일이 번거롭게 느껴져서 더 이상 구독하지 않습니다. 대신 연도별로 출간되는 『신문사설과 칼럼으로 배우는 세상 이야기와 국어공부』(최홍수 저, 사설닷컴)를 읽게 했습니다. 이 책은 5대 일간지(조선, 중앙, 동아, 경향, 한겨레) 기준으로 알아야 할 주제를 선정하고 정리해 놓았습니다. 여기에 단어 및 한자 익히기와 주제문 작성하기도 있어서 시사 공부하는 데 좋았습니다.

☑ 뉴스읽기 뉴스일기 공모전

'뉴스읽기 뉴스일기 공모전'에 도전하는 것도 뉴스 읽기를 꾸준히 할 수 있는 방법이 됩니다. 한국언론진흥재단에서 올바른 뉴스 이용 습관의 중요성을 알리기 위한 캠페인의 하나로 공모전을 개최합니다. 무료로 일기장을 배포하고 10개월간 30회 이상 뉴스 일기를 작성해 제출하면 됩니다. 자세한 참여 방법은 한국언론진흥재단의 미디어교육 사이트 포미 (www.forme.or.kr)에서 확인할 수 있습니다.

다양한 분야의
책 읽기

지식 감수성을 키우는 과학책

누리호 발사 과정을 지켜보면서 우주를 향한 상상력을 키웁니다. 해외여행을 가듯 우주를 관광하는 시대가 올까요? 일론 머스크가 말한 화성 테라포밍(Terraforming)지구가 아닌 다른 외계의 천체 환경을 인간이 살 수 있도록 변화시키는 것으로, 현재까지 최적의 후보로 꼽히는 행성은 화성이다.은 과연 가능할까요?

요즘 메타버스가 화두가 되고 있습니다. 가공, 추상을 의미하는 메타(Meta)와 현실 세계를 의미하는 유니버스(Universe)의 합성어인 메타버스는 1992년 닐 스티븐슨의 소설 『스노 크래시』에서 처음 등장한 개념이 현실이 된 것입니다. 이 책은 세계적인 CEO와 개발자들에게 창조적 영감을 준 SF소설로 알려져 있습니다.

이렇게 과학책을 읽다 보면 주변을 탐구하면서 자연스럽게 호기심을 키울 수 있습니다.

초등학생들은 과학에 관심이 많습니다. 『이유가 있어서 멸종했습니다』(마루야마 다카시 저, 위즈덤하우스)라는 책을 읽으면 대단한 동물들이 여러 가지 이유 때문에 지구에서 사라진 사례들을 알게 됩니다. '지구 온난화', '기후 위기'라는 단어들을 떠올려 보면 우리 인간도 언제 멸종할지 모른다는 불안감이 생겨 자연스럽게 지구 환경을 지키기 위한 일에 앞장서게 됩니다. 과학을 배우면 합리적인 생각을 하는 데 도움이 됩니다. 현대 사회에서 과학 지식만큼 논리적인 생각을 펼치는 데 도움이 되는 지식이 또 있을까요?

과학책은 그림책, 인물책, 창작책, 줄글책 등이 있습니다. 먼저, 과학 그림책은 그림이 중심이 되고 글은 부수적인 역할을 합니다. 글 읽기가 어려운 초등학교 저학년들에게 맞는 책입니다. 과학 인물책은 과학을 연구하는 과학자들의 이야기가 나옵니다. 과학책을 읽다 보면 자연스럽게 과학자에게 관심이 생깁니다. 과학자들이 어떤 과정을 통해 성장했는지 진지하게 살펴볼 수 있습니다. 인물이 겪은 고난을 극복하는 과정을 통해 우리 아이들도 비슷한 상황을 이기는 마음의 힘을 키울 수 있게 됩니다. 과학 창작책은 과학 지식보다는 이야기가 중심이라 누구나 쉽게 읽을 수 있습니다. 이런 책을 통해 지식 중심 과학책을 읽게 되는 계기가 될 수도 있습니다. 과학 줄글책은 고학년에 적당합니다. 과학책 읽기를 한 적이 있고, 어느 정도 과학적 배경지식을 갖추고 있을 때 읽는 것이 좋습니다.

과학의 주제는 매우 넓습니다. 동식물, 인체, 날씨, 세균, 바이러스, 지구, 우주, 화산, 지진, 운동 등이 있습니다. 아이가 한 분야의 책만 읽는다면 다른 주제의 책도 탐색할 수 있도록 도서관에 함께 가는 것을 추천합니다. 도서관에서 책등을 보면서 관심을 보이는 책을 읽도록 해 주세요.

과학잡지를 구독하는 것도 좋은 방법입니다. 『어린이 과학동아』, 『과학동아』, 『뉴턴』 등의 과학잡지가 집에 있으면 한 번이 아니라 여러 번 볼 수 있어 좋습니다. 저는 글을 쓸 때 필요한 사례가 있으면 이런 주제의 내용이 나온 책을 찾아달라고 아이한테 이야기를 합니다. 그럼 아이가 잡지에서 제가 원하는 주제를 찾아 알려 줍니다.

『우리가 빛의 속도로 갈 수 없다면』(허블)을 쓴 김초엽 작가는 아이디어를 얻기 위해 과학잡지를 본다고 합니다. 머리를 식히면서 과학잡지를 본다면 배경지식이 쌓여 과학 지문을 읽는 데 어려움이 줄어들 겁니다.

사회 문제에 관심을 키우는 사회책

사회책은 정치, 경제, 역사, 지리, 문화, 인권, 환경, 법 등 그 영역이 아주 넓습니다. 시작은 우선 나와 내 주변에 관심을 갖게 하는 책이 좋습니다. 나를 말하는 책에서 시작해서 가족을 말하는 책, 친구를 말하는 책, 이웃을 말하는 책으로 점차 범위를 확대하는 것을 추천합니다. 이렇게 주변으로 관심의 대상을 옮기다 보면 세상은 여러 사람들과 다양한 관계를 맺으면서 사는 것이라는 사실을 자연스럽게 알게 됩니다.

그런데 사회책을 읽는 것은 쉽지 않습니다. 사회책에는 일상 대화에서 자주 쓰지 않는 용어들이 사용되는 경우가 많기 때문입니다. 아이가 사회책 읽기를 어려워한다면 『교과서 옆 개념 잡는 초등사회 사전』(신정숙 외, 주니어김영사)을 활용해 보세요. 이 책에는 사회 용어에 대한 설명과 그림이 함께 있어서 관련 용어를 이해하는 데 도움이 됩니다.

동화책 읽기는 좋아하는데 사회책은 읽기 싫어한다면 제 학년보다 수준을 한 단계 낮춰 책을 읽히는 것도 좋습니다. 사회책을 자주 읽어야 중학교 사회 시간에 어려움을 덜 겪을 수 있으니 초등학교 때부터 다양한 사회책을 읽을 기회를 제공해 주세요.

서로를 이해하는 이야기책

동화라는 명칭이 익숙한 이야기책은 학생들이 쉽게 읽을 수 있는 책입니다. 동화의 내용도 다양해져서 요즘 어린이 문학상을 받는 작품들은 SF가 가미된 내용이 많습니다. 그래도 아이들이 가장 좋아하는 이야기는 환상 세계가 펼쳐지는 판타지입니다. 아이들이 판타지를 좋아하는 이유는 자신이 살고 있는 삶의 문제에 환상 세계가 결합되어 있어 읽는 재미가 대단하기 때문입니다. 물론 어린이들의 삶을 그대로 다룬 동화들도 인기가 많습니다.

상상력과 논리력을 키우고 싶은 어린이라면 추리 동화의 매력에 빠지지 않을 수 없을 겁니다. 단권으로 된 추리 동화를 읽을 수 있다면 시리즈물에 도전해 봐도 좋습니다. 시리즈물을 읽으면 '이렇게 긴 호흡의 책을 내가 읽었다니!' 하고 스스로를 칭찬해 주고 싶은 생각이 들고 독서에 자신감도 생기게 될 것입니다.

하지만 어린 시절부터 영상에 길들여진 아이들은 재미있는 이야기책을 읽는 것도 어려워할 수 있습니다. 이야기책에 재미를 느끼려면 글을 읽고 상상력을 동원해 장면을 떠올릴 수 있어야 하는데, 그 힘이 부족해서 그렇습니다. 또, 앞에 읽은 내용을 기억하기 힘들거나 어휘력이 또래보다 낮으면 책을 읽으며 재미를 발견하기는 어려울 겁니다.

이런 학생들은 그림책을 자주 보면 좋습니다. 그림은 안 보고 글만 읽은 뒤에 떠오르는 장면을 이야기하거나 그려 보라고 해도 좋습니다. 다 그린 후에 원래의 그림책을 보여 주면 상상력을 더 키울 수 있습니다. 또는 그림만 있는 그림책을 읽고, 내용을 글로 써 보는 활동을 하는 것도 도움이 됩니다. 기억력이 부족한 경우에는 간단하게 메모를 하면서 보는 방법을 추천합니다. 주인공의 이름이나 특징, 중요한 사건들도 기록해 보게 하면 좋겠죠.

너무 책이 많아서 어떤 것부터 읽혀야 할지 모르겠다면 어린이 문학상을 받은 작품을 먼저 고르는 것도 하나의 방법이 됩니다. 문학상에 따라 성향이 조금씩 다르기 때문에 몇 권 읽혀 보면서 우리 아이가 좋아할 책을 골라도 좋습니다.

저는 인기 있는 어린이책들은 도서관에 예약 신청을 하거나 시리즈물이 나오면 미리 희망도서를 신청해서 읽을 수 있게 합니다.

국어사전 사용 습관 들이기

국어사전 사용법은 초등학교 3학년에 처음 배우고, 4학년 때는 인터넷 사전, 유의어 사전, 백과사전 등 다양한 사전으로 낱말의 뜻을 찾아 낱말 사이의 관계를 파악하는 활동을 합니다. 5학년 때는 동형어와 다의어를 사전에서 구분하고, 외래어를 새말로 만들고, 모르는 단어의 뜻을 짐작한 후에 사전을 통해 그 뜻을 확인하는 활동을 합니다. 6학년 때는 속담을 배운 다음 〈나만의 속담 사전 만들기〉활동을 합니다. 그러니 국어사전은 구입해 두면 요긴하게 활용할 수 있습니다.

학년	학습 내용
3학년 (1학기 국어(나) 국어 활동 7단원)	• 국어사전을 찾는 법 • 국어사전에서 낱말 찾아보기 (바뀌는 낱말 형태까지) • 나만의 국어사전 만들기
4학년 (1학기 국어(나) 국어 활동 7단원)	• 인터넷 사전, 유의어 사전, 백과사전 등 다양한 사전으로 낱말 관계 파악
5학년 (1학기 국어 5단원, 8단원)	• 동형어와 다의어 구분 • 외래어를 새말로 바꾸기 • 단어 뜻 짐작 후 사전으로 확인
6학년 (1학기 국어 5단원)	• 배운 속담으로 나만의 속담 사전 만들기

학생들이 많이 보는 국어사전에는 『속뜻풀이 초등국어사전』, 『보리 국어사전』, 『동아 연세 초등 국어사전』 등이 있습니다. 저희 집에는 『동아 연세 초등 국어사전』이 있습니다. 이 사전은 초등학생이 보기에 무난한 두께입니다. 언급한 사전 외에도 다양한 종류가 있으니 서점에서 직접 보고 고르는 것도 좋은 방법입니다.

종이 사전이 좋지만 컴퓨터나 스마트폰으로 빠르게 단어를 검색해야 할 때는 포털 사이트의 검색창보다는 표준국어대사전

(stdict.korean.go.kr/main/main.do)을 찾아보는 것이 좋습니다. 표준국어대사전은 국립국어원에서 발행하는 사전입니다. 국립국어원에서는 '우리말365'를 운영하고 있어서 우리말 사용 중에 궁금한 점이 있으면 답변을 해 줍니다. 단, 상담 시간과 상담 건수에는 제한이 있습니다.

책을 많이 읽은 아이는 모르는 단어가 나오더라도 문맥에 따라 그 뜻을 추측합니다. 하지만 그런 경험이 적은 아이들은 모르는 단어가 나오면 읽기를 그만둡니다. 시험 볼 때도 비슷한 일이 생깁니다. 모르는 말이 나오면 의미를 추론해 볼 생각도 하지 않고 정답을 찍게 됩니다. 어휘력이 부족하면 꾸준히 어휘력을 키우기 위한 활동을 부모님이 아이와 함께 해 주시면 좋습니다.

☑ 어휘력을 길러 주는 '고피쉬' 보드게임

저는 어휘 공부를 재미있게 하기 위해 아이들과 '고피쉬' 보드게임을 자주 했습니다. 의성어, 의태어, 관용어, 속담 등 다양한 주제로 된 것들이 많아서 최고의 학습 효과를 거둘 수 있다고 생각합니다. 방법도 간단합니다. 나에게 있는 다섯 개의 카드 중 하나를 선택하고, 다른 사람에게 '이 카드가 있나요?'라고 질문을 하며 같은 카드를 찾습니다. 호명한 사람에게 그 카드가 없으면 "GO FISH!"라고 외치고, 질문한 사람은 카드 더미에서 카드를 한 장 더 가지고 옵니다. 다른 사람들의 질문을 통해 카드들을 기억하고, 나에게 그 카드가 있으면 이야기해서 내 손에 있는 카드를 다 소진하면 이기는 게임입니다.

예전에 구병모 작가의 『파과』(위즈덤하우스)라는 소설을 재미있게 읽었습니다. 주인공은 방역업체를 다니고 있는데, 60대인 그녀가 죽이는 것은 해충이 아니라 사람입니다. 한국 소설의 주인공으로 할머니 킬러는 좀 낯설게 느껴집니다. 주인공의 이름과 소재가 독특한데, 눈길을 끄는 것이 또 있습니다. 바로 생소한 단어들입니다.

아픔이 있지만 정신적 사회적으로 양지바른 곳의 사람들, "…이끼류 같은 건 돋아날 드팀새도 없이…" 확고부동한 햇발 아래 뿌리내린 사람들을 응시하는 지금이 좋다.
– 『파과』(구병모 저, 위즈덤하우스) p.209

이 구절에서 '드팀새'는 '틈이 생긴 기미나 정도'를 의미하는 순우리말입니다. 이외에도 '도지개를 틀다'처럼 형태나 움직임을 색다르게 표현하는 문장들이 많았습니다. 작가가 이런 단어를 쓰기 위해 특별히 노력하고 있다는 느낌을 받았습니다.

얼마 후 궁금증이 풀렸습니다. 팟캐스트 〈이동진의 빨간책방〉에 구병모 작가가 출연했는데, 매일 아침마다 사전을 30페이지 읽는다고 했습니다. 모르는 단어야 스마트폰으로 검색하면 된다고 생각했는데, 작가는 검색이 아닌 사전 찾기를 매일 한다는 것이었습니다. 그러면서 작가가 말한 이유가 참 흥미로웠는데, 검색을 하면 그 단어만 알게 되지만 사전을 찾아보면 새로운 단어도 눈에 들어오고, 찾으려 했던 단어의 앞뒤 말도 보면서 이해도 확장된다고 합니다.

언어순화 교육을 할 때도 사전은 유용합니다. 거친 욕을 입에 달고 사는 학생이 반에 있다면 주변 아이들도 어느새 욕에 익숙해지고 무뎌지게 됩니다. 그런데 그 욕이 정확하게 무슨 의미인지 찾아보면 그 말을 덜 사용하게 될 수도 있습니다. '모르고 사용했는데 저런 뜻이었다니!' 하고 자신의 언어 생활을 돌아볼 수 있을 겁니다.

제2장

초등 1~4학년 국어 공부법

초등 국어
교육 과정

2015 개정 국어과 교육과정 특징

교사가 아니면 교육과정에 관심을 가질 필요가 없을까요? 이 질문에 대한 제 대답은 '아니오'입니다. 학교에서 학생들이 배우는 교과서는 교육과정을 토대로 만들어집니다. 그러니 교육과정과 교과서에 관심을 가지셔야 합니다.

2020년부터 모든 학교에서 학생들은 〈2015 개정 교육과정〉으로 배우고 있습니다. NCIC 국가교육과정 정보센터(ncic.go.kr)에 접속하면 교육과정에 대한 자세한 내용을 알 수 있습니다. 2025년부터 단계적으로 시행 예정인 〈2022 개정 교육과정〉 관련 내용도 별도의 탭으로 마련되어 있어서 주요 내용은 확인할 수 있습니다.

초등 1, 2학년

초등 1, 2학년은 학교 생활에 적응하는 것이 국어 교육의 가장 큰 목표입니다. 이 시기에는 학습을 위한 말과 글을 익혀 배우는 것이 즐겁도록 하는 일이 중요합니다. 초등 1, 2학년 교과서를 보면 교과 지식을 거의 배우지 않습니다. 어떻게 하면 다른 친구들과 상호작용하면서 학교생활을 할 수 있는지에 대한 내용들이 많습니다.

수업 시간 활동은 소리 내어 읽는 일이 많습니다. 그래서 알맞은 목소리로 글을 읽는 방법을 배웁니다. 목소리가 지나치게 크거나 너무 작으면 상대방과 의사소통하기 어렵습니다. 자신 있게 또박또박 읽을 수 있게 지도해 주시면 좋습니다. 하루에 10분 정도 시나 소설을 상황에 알맞은 목소리로 읽게 해 주세요.

소리 내어 읽기를 하면 여러 가지를 배울 수 있습니다. 1학년 교과서에서는 적당한 위치에서 띄어 읽기를 하는 것도 배웁니다. 제대로 띄어 읽어야 내용을 정확히 알고, 뜻을 쉽게 이해할 수 있습니다. 문장을 확인하고, 문장이 끝나는 곳에 ∨ 표시를 합니다. ∨ 표시를 한 곳에서 잠시 쉬었다가 읽어야 바르게 띄어 읽는 방법입니다.

자신의 생각이나 감정을 이야기하는 시간에도 소리 내어 읽기 활동은 도움이 됩니다. 초등 1학년 때 발표에 대해 긍정적인 생각을 형성하면 학년이 올라갈수록 큰 도움을 받습니다. 만약 소리 내어 읽기 활동을 제대로 하지 않아 반 친구들 앞에서 이야기하는 것이 부끄러워져서 작은 소리로 이야기하는 일이 반복된다면 말하기 활동을 자주 해야 하는 국어 시간에 자신감이 부족해질 수도 있습니다.

초등 2학년이 되면 1학년과 비교해서 글이 길어집니다. 교과서 안에는 학생들이 꼭 알아야 하는 단어들에 대해 설명이 나와 있습니다. 하지만 학생들은 단어 공부를 소홀히 하는 경우가 많습니다. 중학생을 가르쳐 보면 자신이 읽고 있는 글에 모르는 단어가 나와도 아이들은 교과서에 나온 설명도 지나치는 경우가 허다합니다. 그러니 초등학교 저학년 때부터 교과서 하단에 나오는 단어 뜻풀이는 꼭 읽어야 한다고 알려 주세요.

2학년에는 다양한 종류의 글이 교과서에 나오기 시작합니다. 특히 시간의 순서대로 내용을 정리하는 활동이 많습니다. 이야기를 시간순으로 정리하는 것은 사건을 정확하게 이해하는 데 꼭 필요한 활동이기 때문입니다.

초등 3, 4학년

초등 3학년부터는 초등 1, 2학년과 다르게 국어 능력을 키우는 데 보다 중점을 두어야 합니다. 본격적으로 자녀의 독서에 관심을 가지고, 아이가 읽은 책을 바탕으로 자신의 생각이나 느낌을 잘 표현할 수 있도록 지도해 주는 것이 중요합니다. 그래서 매일 꾸준하게 독서를 하게 만들어 줘야 합니다. 다양한 책을 읽다 보면 새로운 단어를 접하는 기회가 많아집니다. 앞뒤 문맥을 통해 의미를 파악하게 되면 어휘력이 일취월장할 수밖에 없습니다.

아이가 읽은 책을 매개로 대화를 나누는 활동도 좋습니다. 주인공의 행동에 대해 왜 그렇게 행동했는지 질문하고 이야기를 나누면 아이가 책을 어느 정도 이해하고 있는지 파악할 수 있습니다.

형식적으로 독후감을 쓰는 일은 피해 주세요. 모든 책에 독후감을 쓰게 하면 아이가 독서를 싫어하게 될 수도 있습니다. 일주일에 최소 한 편 정도만 작성하도록 하면 좋습니다.

초등 5, 6학년

초등 5, 6학년이 되면 교과서에서 국어의 기초 지식을 다룹니다. 중고등학교에서도 활용하는 중요한 개념이 등장하기 때문에 개념을 확실히 알고, 문법 공부도 시작해야 합니다. 문법은 한 학기에 한두 단원밖에 나오지 않습니다. 낱말 확장 방법, 문장 성분과 호응, 상황에 따른 낱말의 의미, 관용 표현을 배우게 되죠. 그 래서 예습이 필요합니다. 그리고 이때 용어의 개념을 확실히 외워 둔 다음 교과서의 예시를 이해한 뒤 다른 문제를 풀어 보면 국어의 기초 지식이 탄탄하게 잡힙니다.

고학년 국어의 기초를 쌓는
초등 1~4학년 공부법

소리 내어 읽기

소리 내어 읽는 활동은 뇌 속에 의미를 각인시켜 주는 효과가 탁월합니다. 특히 초등학생 수준에서는 조용히 읽는 것보다는 소리 내어 읽기를 하는 것이 좋습니다. 이 방법은 일단 문장을 집중해서 읽게 합니다. 눈으로도 보고, 귀로도 듣기 때문에 기억을 잘하게 만듭니다. 소리 내어 읽기는 또 발음을 정확하게 할 수 있도록 도와줍니다. 그래서 뇌과학 전문가들은 소리 내어 읽는 것이 좋다고 소개하는 것입니다.

서울대학교 의과대학 서유헌 교수는 소리 내어 읽을 때와 소리 없이 읽을 때 뇌세포의 활성도 차이를 fMRI로 촬영해 보았는데,

그 결과 소리 내어 읽을 때 언어정보처리와 관련 있는 뇌 부위가 활발하게 움직였다고 합니다. 기억해야 하는 중요한 것은 소리 내어 읽어야 신경세포를 깨어나게 할 수 있습니다.

바르게 쓰기

저는 그동안 많은 학생들을 만났지만, 재석이처럼 글씨를 바르게 쓰는 학생은 본 적이 없습니다.

"서예 학원에 다녔니?"

재석이는 아니라고 했습니다. 재석이의 글은 다른 학생들과 소재나 비유가 비슷한데도 단연 눈에 띄었는데, 이유는 글씨가 너무나 반듯하기 때문입니다. 재석이는 개념 정리를 완벽하게 한 공책으로 시험공부를 하고, 좋은 성적을 받았습니다.

학습의 중추인 대뇌와 손은 밀접한 관계가 있습니다. 공부할 때 손을 사용하면 뇌의 기능이 활성화됩니다. 필기를 하면 집중력이 높아지고 이해력과 기억력도 높아집니다. 그리고 글씨를 쓰면서 눈과 손의 협응력을 키워 학습 능력의 기초 체력을 키울 수 있습니다. 온라인 수업이 늘면서 태블릿이나 컴퓨터 등 디지털 기기를 활용하는 일이 많아진다고 해도 손 글씨를 대신할 수는 없습니다.

학교 시험에서 학생들이 제출한 답안지를 보면 작문 실력은 둘째치고 아예 읽기조차 어려운 경우가 정말 많습니다. 글씨를 못 쓰는 아이들은 작문 실력도 대체로 좋지 않습니다. 그러니 초등 시기에 똑바로 앉아 바르게 연필을 잡은 후 획순을 꼭 지켜서 쓰도록 지도해 주세요. 기본 획순을 연습하고 자모음을 연습한 다음 낱글자, 단어, 문장 순으로 연습을 하면 좋습니다. 바른 글씨체를 통해 학습을 위한 바른 자세를 갖게 할 수 있습니다. 자녀가 글씨를 바르게 쓰도록 하는 데 관심이 있으시면 『초3 글씨체가 평생 간다』(강승임 저, 유노라이프)를 읽어 보세요. 자녀의 글씨 쓰기를 지도하는 데 도움이 되실 겁니다.

어휘력 키우기

스마트폰을 내려놓고 모처럼 마음먹고 책을 펼쳤는데, 모르는 단어투성이라면 책 읽는 재미를 전혀 느낄 수 없을 겁니다. 그래서 어휘력이 중요합니다. 언어학자들은 10살이 되는 초등 3학년부터가 어휘 습득의 적기라고 합니다. 그러니 이 시기를 놓치지 않아야 합니다.

책을 읽다가 모르는 단어가 나왔다고 해서 바로 사전을 찾을 필요는 없습니다. 앞뒤 문장을 통해 그 단어가 가진 의미를 추측해 보는 것이 먼저입니다. 그러고 나서 사전을 찾으면 좋습니다. 초등 3, 4학년에 사전 찾기 연습을 하는 단원이 있으니 사전은 미리 구입해 두는 것이 필요합니다. 인터넷 서점 베스트셀러 목록에 사전이 들어 있는 기간이 있는데 그때가 학교에서 사전 찾기 연습을 하는 시기입니다.

교과별 어휘는 개념 공책을 만들어 정리해 보게 하는 것이 좋습니다. 사실 초등 3, 4학년은 과목별로 공책을 만들 필요가 없지만, 고학년이 되면 과목별로 공책을 만들어 정리해야 합니다. 교과서에 나온 개념 어휘는 공책에 꼭 정리하게 해 주세요. 그림이나 표 등으로 보충 설명을 넣어도 좋습니다. 일주일에 한 번 몰아서 정리하는 것은 피하고, 공부할 때마다 정리해야 효과적입니다. 내용이 많지 않기 때문에 반복해서 개념을 읽어 보면 저절로 외우게 될 것입니다.

학년에 맞는 독서법

초등학교 1학년은 특히 듣고 말하는 능력이 중요합니다. 수업 시간에 바른 자세로 앉아 선생님의 이야기를 듣고, 다른 친구들의 발표 내용을 잘 이해할 수 있어야 수업 시간이 즐겁기 때문입니다. 1학년은 또 교과서에 있는 내용을 정확하게 소리 내어 읽을 수 있어야 합니다.

이 시기에는 그림책에서 초등학교 저학년에 맞는 동화책으로 자연스럽게 넘어갈 수 있도록 해 주어야 합니다. 아이가 읽기 독립이 가능하도록 서서히 넘어가는 것이 좋고, 읽는 일이 재미있다는 경험을 할 수 있도록 판타지 동화를 읽어도 좋습니다. 이 시기는 상상력과 호기심이 많기 때문에 귀찮을 정도로 아이가 질문을 많이 합니다. 부모님이나 선생님이 질문에 답을 할 수도 있지만, 책을 통해 답을 찾을 수 있도록 도와준다면 아이는 자신에게 떠오른 다양한 생각을 자연스럽게 쌓아갈 수 있습니다.

집에서 물고기를 키우는 아이가 있습니다. 그 아이가 어느 날 감기에 걸렸습니다. 자신한테 옮아서 물고기도 감기에 걸리는지 궁금해졌습니다. 엄마한테 물어봤지만 엄마도 답을 해 줄 자신이 없습니다. 그럴 때 적당한 그림책을 권하면 좋습니다. 『감기 걸린 물고기』(박정섭 글·그림, 사계절)란 책 제목을 보고 아이는 아픈 물고기가 주인공일 거라고 예측합니다. 그런데 읽다 보면 자신이 처음 질문한 내용과 다르게 흘러갑니다. 거짓 소문으로 위기에 빠지는 내용이 나오거든요. 아이는 자신도 이런 경험이 있는지 생각해 보게 됩니다. 질문에 대한 답을 찾다가 더 많은 생각을 하게 되죠.

초등 1학년이 공부를 목적으로 책을 읽는 일은 적절하지 않습니다. 그림책을 보면서 상상하는 능력을 키우면 충분합니다. 그림책을 많이 읽은 아이들은 자연스럽게 이야기책을 읽게 되고, 교과서 내용도 충분히 이해할 수 있습니다. 2학년 때는 다양한 분야의 책을 읽을 수 있도록 도와줘야 합니다. 이 시기에 책을 좋아하지 않는 아이를 그대로 두면 학년이 올라갈수록 책에서 점차 멀어지게 됩니다.

3학년은 초등 중학년 수준의 책을 읽어야 합니다. 저학년용 책과 비교해 보면 확실히 삽화가 줄어듭니다. 4학년 때까지는 아직 아이들의 독해력 차이가 눈으로 보이지 않습니다. 하지만 상위권을 유지하는 학생은 혼자서 책을 읽고 의미를 이해할 수 있는 능력이 뛰어납니다.

아직 저학년인데
국어가 어렵다는 아이,
이렇게 도와주세요!

아이 성향에 따라 유독 국어를 좋아하지 않는 아이들이 있습니다. 국어 시간은 정적인 활동들이 많습니다. 체육이나 음악 시간에는 몸을 움직여 즐거운데 국어 시간에는 가만히 앉아서 교과서에 있는 글을 읽어야 하고, 자신의 생각을 발표하거나 글로 써야 합니다. 초등 저학년인 경우에는 동적인 활동이 훨씬 재미있다고 느낍니다. 그래서 국어 시간이 재미없다고 생각합니다.

국어를 그렇게 재미있다고 여기지는 않지만 어려서 독서를 한 학생들은 학년이 올라가면서 중간인 상태로 남아 있습니다. 좋은 건 아니지만, 그래도 싫지는 않은 상태로 말이죠. 그런데 스마트폰으로 게임을 하거나 동영상을 보는 시간이 긴 학생들은 자극적인 영상에 익숙해서 글을 읽고 장면을 상상하는 활동을 특히 어려워합니다. 이때는 영상에 노출되는 시간을 줄이고, 한 줄 글쓰기를 할 수 있게 해 주세요. 주의할 점은 한 편의 글을 완성한다는 생각은 버리셔야 한다는 겁니다. 국어가 어렵다는 저학년 아이에게 생각을 많이 해야 하는 글쓰기를 하면서 완성까지 하라는 건 무리한 요구입니다. 그래서 한 줄만 써 보라는 겁니다. 많이 쓰지 않더라도 쓰기 위해 생각을 하는 과정이 계속 쌓여야 하거든요.

글쓰기 주제를 아이가 좋아하는 것에서 시작하면 글쓰기가 조금 쉬워집니다. 반려견을 키우고 있다면 반려견과 함께한 순간 중 가장 기억에 남는 것을 쓰는 것으로 시작합니다. 최근에 여행을 다녀왔다면 여행 가서 좋았던 점을 써 보라고 합니다. 글쓰기를 하면서 좋았던 순간을 떠올리면 학습에도 긍정적으로 작용할 것입니다.

모르는 어휘가 많아서 국어가 어렵다고 느끼는 아이들도 있습니다. 모처럼 책을 읽으려고 해도 모르는 단어들이 수두룩하면 재미없고 어렵다고 포기하기 십상입니다. 이때는 단어장을 만들어 보라고 이야기해 주세요. 그리고 예문도 한 번 만들어 보도록 지도해 주세요.

'하루에 한 문장 쓰는 게, 모르는 단어 하나 찾아서 예문 쓰는 게 대단한 학습 효과가 있겠어?'라고 생각할 수 있지만, 아닙니다. 그렇게 하루하루가 쌓이면 국어가 제일 쉽다는 말을 자연스럽게 하는 아이로 자라게 됩니다.

제3장

초등 5, 6학년
국어 공부법

토의,
토론 알기

토의 알기

5학년이 되면 토의의 절차와 방법을 배웁니다. 토의는 공통으로 겪는 문제를 해결하거나, 공통으로 관심을 가지는 의문에 답을 얻기 위하여 여러 사람이 의견을 주고받는 집단 의사소통의 방법입니다. 학생들이 생활하면서 어떤 문제가 생겼을 때 주제를 잡고 토의할 때 지켜야 할 것들을 배우게 됩니다.

가령 학생들의 휴대폰을 등교 후 걷는 것이 인권침해라는 의견이 있는 반면, 휴대폰을 수업 시간에 사용하는 학생이 있을 때 학습 분위기를 해치게 될 것이라는 의견도 있습니다. 이를 해결하기 위한 방법을 학급 학생들끼리 토의하면서 해결책을 찾을 수도 있을 겁니다. 일상생활에서 토의 경험이 많은 아이들은 수업 시간에도 어려움이 없을 겁니다. 살면서 우리는 여러 명이 협력해 문제를 해결해야 하는 경우가 많습니다. "가족 여행을 어디로 가지?", "모둠 과제를 할 때 역할은 어떻게 정하지?" 등 다양한 상황을 떠올리면 좋습니다.

의견을 모을 때 아이들이 주의해야 할 다음 몇 가지 점들을 미리 알려 주면 좋습니다. 자신의 주장을 말할 때는 적절한 근거를 들어야 합니다. 또, 나와 의견이 다른 사람의 이야기도 존중하며 들어야 하며, 다른 사람의 의견을 끝까지 듣고 자신의 의견을 이야기해야 합니다. 그리고 토의 주제와 관련 있는 이야기를 해야 합니다.

토의의 절차는 '토의 주제 정하기 → 의견 마련하기 → 의견 모으기 → 의견 결정하기' 순으로 진행합니다. 이 절차는 아이들에게 외우게 하는 것이 좋습니다. 토의 주제는 우리 모두와 관련이 있는 문제여야 합니다. 우리의 힘으로 해결 방법을 찾을 수 있어야 하고, 우리가 변화를 끌어낼 수 있는 문제인지 생각해야 합니다. 토의의 절차와 방법을 배우고 나서는 가정이나 학급에서 충분히 토의 연습을 하는 것이 필요합니다.

토론 알기

5학년 2학기가 되면 토론하는 방법을 배웁니다. 토론은 어떤 문제에 대해 찬성과 반대로 의견이 나누어질 때 합리적인 해결 방법을 찾기 위해 합니다. 토론의 절차도 한번 살펴볼까요? 토론은 '주장 펼치기 → 반론하기 → 주장 다지기' 순으로 진행합니다. '주장 펼치기' 단계에서는 근거를 들어 자신의 주장을 말하고, 근거를 뒷받침하는 구체적인 자료를 제시해야 합니다. '반론하기' 단계에서는 상대편이 제시한 근거에 대해 반론 및 질문을 하고, 그 질문에 대한 답을 해야 합니다. '주장 다지기' 단계에서는 자기편의 주장을 요약하고 상대편에서 제기한 반론이 타당하지 않음을 지적한 후 자기편 주장의 장점을 정리하면 됩니다. 토의처럼 토론도 일상생활에서 다른 사람과 의견이 다를 경우, 수업 시간에 배운 토론 절차와 방법에 따라 예의 바르게 의견을 나누어 보는 것이 좋습니다.

책을 읽고 토론을 하는 것도 좋습니다. 이 경우에는 읽은 책의 내용과 주제를 잘 이해하고, 주제에 맞는 의견과 까닭을 말해야 합니다. 독서 토론을 하면서 생각이 바뀌는 경우도 있습니다. 책을 읽고 친구들과 토론을 하면 글을 더 깊게, 다양한 관점으로 이해할 수 있고, 내가 생각하지 못한 것을 친구의 의견을 듣고 깨달을 수도 있습니다. 토론에 참여하는 사람은 사회자, 찬성편 토론자, 반대편 토론자가 있습니다. 토론할 때는 상대를 존중하며 타당한 근거를 갖추어 자신의 의견을 말하는 습관을 갖도록 합니다.

친구들과는 재잘재잘 이야기를 잘하는 아이들 중에도 토의나 토론 수업을 하면 입을 꾹 다물고 있는 경우가 적지 않습니다. 자신의 생각을 조리 있게 말하는 능력은 국어 시간을 통해 키워야 합니다. 아이가 말하는 것이 어렵다고 이야기하면 부모님이 옆에서 일단 잘 들어주시면 좋습니다. 그것도 어려워하면 교과서를 소리 내어 읽어 보게 한 다음 오늘 배운 내용 중 중요한 부분을 설명해 보라고 해도 좋습니다. 책을 읽고 느낀 점을 말하거나, 영화를 보고 줄거리를 말하는 활동도 도움이 됩니다. 이렇게 가볍게 할 수 있는 활동을 통해 말하기 부담감을 낮추는 것이 필요합니다.

고학년에서는 여러 사람 앞에서 자신이 조사한 내용을 발표하는 수업도 진행합니다. 발표를 들을 때는 발표 주제가 무엇인지 알아야 하며, 발표 내용에 주제와 관련 없는 부분이 있는지 판단하며 들어야 합니다. 또한, 과장되거나 거짓인 내용은 없는지, 자료가 정확한지도 판단하며 들으면 좋습니다. 그리고 발표자가 새롭게 알려 주는 내용이 무엇인지 집중하고 메모하면서 듣고, 발표자에게 빨리 하라고 다그치거나 목소리가 작다고 야유를 보내서는 안 됩니다.

발표를 할 때는 다음과 같은 부분을 주의하라고 알려 주세요. 어느 부분에서 목소리를 크거나 작게 해서 듣는 사람을 집중시킬 수 있을지 고민하면 좋은 발표를 할 수 있습니다. 적절한 표정과 몸짓도 듣는 사람이 집중하는 데 도움을 줍니다. 또, 발표를 할 때는 알맞은 자료를 활용해야 합니다. 자료를 모든 학생들이 볼 수 있도록 큰 화면으로 보여주고 사진이나 실물은 여러 개 준비하면 좋습니다. 이때 출처는 반드시 밝혀서 저작권을 보호해야 합니다.

목적에 따른
글의 유형 알고 쓰기

목적에 따른 글은 '정보 전달'을 목적으로 글을 쓰면 '설명하는 글(설명문)', '설득'을 목적으로 글을 쓰면 '주장하는 글(논설문)'이 됩니다. 똑같은 소재로 글을 써도 목적이 다르면 글을 전개하는 방법도 달라집니다.

예를 들어 '강아지'를 소재로 글을 쓴다고 할 때, 정보전달 목적으로 글을 쓴다면 제목은 〈강아지를 잘 키우는 방법〉이 되고, 그 방법을 여러 문단을 통해서 표현할 수 있을 것입니다. 반면, 설득을 목적으로 글을 쓴다면 제목은 〈반려견, 사지 말고 입양합시다〉라고 쓰고, 유기견을 입양해서 키우자는 이야기를 할 수 있을 겁니다. 설명문과 논설문의 구조는 학교에서 자세하게 배웁니다.

설명문은 3학년에 처음 배웁니다. 그리고 5학년 때 구체적으로 대상의 특성에 따라 설명하는 방법을 배우고, 이 설명 방법으로 글쓰기 지도를 합니다. 설명하는 글에 사용되는 비교, 대조, 분석 등의 방법은 중학교 때도 고등학교 때도 반복해서 나오고, 수능에서도 당연히 출제되는 아주 중요한 개념입니다. 두 개 이상의 대상에서 공통점과 차이점을 찾아 설명하는 것을 비교와 대조라고 합니다. 대조와 비교를 설명할 때는 꼭 하는 말이 있습니다. 대조는 차이점, 비교는 공통점. 학년이 어리면 대조는 다른 점, 비교는 같은 점이라고 추가로 이야기를 합니다. 시계를 가지고 예를 들어 볼까요?

해시계와 물시계의 공통점은 시계라는 겁니다. 그럼, 차이점은 뭘까요? 해시계는 해의 움직임으로 시간을 알 수 있고, 물시계는 물이 떨어지는 양을 헤아려 시간을 알 수 있다는 점입니다. 그럼 분석도 시계를 예로 설명해 볼까요? '시계는 시침, 분침, 태엽으로 이루어져 있다'라고 설명하면 분석입니다. 분석은 대상을 이루고 있는 구성 성분으로 설명하는 겁니다. 아이에게 설명해 주시고, 주변에 있는 대상으로 연습을 해 보면 좋겠습니다.

논설문은 5학년까지 '주장하는 글'이라고 표현합니다. 5학년 때 논설문의 개념을 배우고, 6학년 때 논설문의 특성과 짜임을 배우게 됩니다. 논설문은 요약을 해 보면 개요를 아주 잘 알게 됩니다.

5학년이 되면 다양한 목적에 맞는 글쓰기를 배웁니다. 마음을 표현하는 편지와 일기 쓰기, 경험을 나타내는 수필과 기행문 쓰기를 합니다. 또, 생각을 정리하는 요약하는 글, 독서 감상문, 설명하는 글, 제안하는 글, 발표문, 주장하는 글 등도 배웁니다. 목적과 내용에 맞는 다양한 종류의 글을 쓰다 보면 쉽게 글쓰기를 배울 수 있을 겁니다.

읽기의
방법 알기

5학년이 되면 '추론하며 읽기'를 배웁니다. 자신이 가진 배경지식을 떠올리면서 글을 읽거나 글의 앞뒤 맥락을 생각하면서 읽기를 배웁니다. 모르는 단어가 나왔을 경우에는 앞 문장이나 뒤 문장을 읽어 보면서 단어의 의미를 찾을 수 있습니다. 책의 제목이나 표지 그림을 살펴보면 앞으로 전개될 내용을 추론하는 데 도움이 됩니다. 글에 글쓴이의 생각을 다 담을 수는 없습니다. 그래서 글에 표현된 내용을 근거로 해서 표현되지 않은 내용을 추측하거나 상상하면서 읽으면 내용을 더 잘 이해할 수 있게 됩니다. 따라서 글을 읽을 때 글쓴이가 이 글을 왜 썼을지 그 의도를 파악하려고 하고, 글에 나오지 않은 내용은 자신이 갖고 있는 배경지식을 활용해 이해해 보도록 합니다. 문장과 문장, 문단과 문단의 연결 관계를 통해 글의 내용을 추론할 수 있습니다.

글의 종류에 따라서 읽는 방법이 다릅니다. 설명문이라면 중심 내용을 찾고 요약하는 방법으로 읽으면 됩니다. 어떤 내용을 설명하고 있는지, 새롭게 알게 된 내용은 무엇인지, 구체적인 전개 방법은 무엇이 사용되었는지 파악하면 됩니다. 아이가 설명하는 글을 읽을 때는 다음과 같은 질문을 하며 읽도록 지도해 주세요.

- 이 글은 무엇을 설명하는가?
- 설명하는 내용이 무엇인가?
- 이미 알던 내용은 무엇이며, 새롭게 안 내용은 무엇인가?

그런데 매번 이렇게 질문을 하면서 읽으면 시간이 오래 걸립니다. 그래서 일주일에 2~3편만 이렇게 질문하며 읽고 독서록으로 기록하면 좋습니다. 그리고 그중 1편은 요약까지 하는 연습을 하면 설명문의 핵심 내용을 파악하는 데 어려움이 없어집니다.

주장하는 글을 읽을 때는 글쓴이의 주장을 파악하고, 의견을 뒷받침하는 근거를 찾고, 그것이 주장을 뒷받침하는 알맞은 근거인지 생각해야 합니다. 자신의 생각과 비교해 같은지 다른지 비판적으로 읽어야 합니다. 또한, 주장하는 글을 읽을 때는 근거의 적절성을 살펴야 합니다. 적절한 근거가 많아야 글쓴이의 주장을 설득력 있게 느낄 수 있습니다. 근거가 적절하지 않으면 주장하는 내용을 신뢰할 수 없기 때문입니다.

낱말 확장 방법 및
문장 성분과 호응 알기

5, 6학년에서는 낱말의 짜임을 잘 알고 낱말을 합쳐 새로운 낱말을 만드는 과정을 배웁니다. 이때는 합성어, 파생어, 접사 등의 용어를 사용하지는 않지만, 뜻을 가진 낱말을 합해 다른 낱말을 만드는 활동과 뜻을 더해 주는 말에 낱말을 합해 다른 낱말을 만드는 활동을 하게 됩니다. 일상생활에서 이런 규칙으로 만든 단어들이 무엇이 있는지 생각해 보면 깊이 있게 공부할 수 있습니다.

추천하고 싶은 그림책이 한 권 있는데, 바로 『개똥벌레가 뚱뚱뚱』(윤여림 글/조원희 그림, 천개의바람)입니다. 이 책은 순우리말 합성어 그림책입니다. 여기에 나온 단어를 포스트잇에 적어 책에

붙이게 합니다. 그리고 단어가 합쳐져서 새로운 단어가 만들어지는 과정을 확인해 보게 하죠. 파생어를 찾는 방법도 같이 알아두게 하면 좋습니다. 읽고 있는 책에서 파생어 5개를 찾고, 낱말을 활용해서 글쓰기를 하는 것도 어휘력이 자라는 데 도움이 됩니다.

외래어나 외국어를 우리말로 순화하는 활동도 이 시기에 합니다. 국립국어원 홈페이지의 '우리말 다듬기(malteo.korean.go.kr/revise/reviseExhibitionList.do)'를 참고할 수 있습니다. 새 말 만들기 활동은 흔히 사용하는 외래어를 초등학생 수준에서 순화해 보는 활동입니다. 이때 낱말의 짜임을 떠올리면서 활동을 하면 복습도 되고 좋습니다.

5학년이 되면 문장의 성분을 배웁니다. '주어'는 문장에서 동작이나 상태의 주체가 되는 말입니다. '서술어'는 주어의 움직임, 상태, 성질 따위를 풀이하는 말입니다. '목적어'는 문장에서 동작의 대상이 되는 말입니다. 저희 둘째 아이는 종종 명사로만 이야기를 합니다. "맥포머스", "식빵" 이런 식이죠. 그러면 저는 "식빵이 먹고 싶은 거야, 식빵을 보고 싶은 거야? 적당한 동사를 함께 사용해야지"라고 합니다. 자신의 마음을 모두 알아달라는 마음으로 그렇게 명사만 나열할 수도 있지만, 문장에서는 꼭 갖추어야 하는 성분들이 있으니 그걸 제대로 사용하지 않으면 자신이 전달하려는 뜻과 어긋날 수 있다고 알려 주셔야 합니다.

문장의 호응 관계도 배우게 됩니다. 문장에서 앞에 어떤 말이 오고 짝인 말이 뒤따라오는 것을 문장의 '호응'이라고 합니다. 시간을 나타내는 말과 서술어는 호응해야 하고, 높임의 대상을 나타내는 말과 서술어, 동작을 당하는 주어와 서술어도 호응해야 합니다. 주어와 서술어의 호응 관계가 어색한 문장을 찾을 수 있어야 합니다.

5학년 2학기 4단원 〈겪은 일을 써요〉 단원에서는 문장 성분의 호응을 바르게 알고 글을 써야 문장의 뜻을 바르게 이해할 수 있다는 내용을 배웁니다. 교과서에 나온 「나만 미워해」에서는 다음과 같은 예시가 나옵니다.

▶ 아버지가 불렀다. → 아버지께서 부르셨다.
높임의 대상을 나타내는 말과 서술어의 호응을 확인해야 합니다.

▶ 웃음이 피식 웃어 버렸다. → 나는 피식 웃어 버렸다.
주어와 서술어의 호응 관계를 파악해야 합니다.

▶ 어머니의 표정이 별로 좋아 보였다.
→ 어머니의 표정이 별로 좋아 보이지 않았다.
'결코, 전혀, 별로'와 같은 낱말은 '-지 않다', '-지 못하다'와 같은 부정적인 서술어 또는 '안', '못'이 꾸며 주는 서술어와 호응합니다.

이 외에도 시간을 나타내는 말과 서술어는 호응해야 합니다.

> ▶ 어제저녁 우리 가족은 함께 산책하러 나갈 겁니다.
> → 어제저녁 우리 가족은 함께 산책하러 나갔다.
> '어제저녁'은 과거이고, '나갈 겁니다'는 미래이므로 호응이 맞지 않습니다.

문장의 호응 관계에서 벗어난 문장을 만들고, 아이가 바르게 고치는 활동을 해 봐도 좋습니다.

상황에 따른 낱말의 의미,
관용 표현 이해하기

신체 부위인 '다리'와 두 곳을 잇는 '다리'는 비슷한 점과 다른 점이 있습니다. 형태가 같은 낱말을 동형어(동음이의어)라고 합니다. 동형어인 낱말은 뜻이 서로 관련이 없습니다. 반면 다의어의 뜻들은 서로 관련이 있습니다. 다의어는 원래 뜻과 관련 있는 부분이 조금씩 바뀌면서 만들어졌습니다. 그래서 국어사전을 찾아보면 동형어는 서로 다른 낱말이므로 구분해서 표시하고, 다의어는 한 낱말에 여러 가지 뜻을 제시합니다. 책이나 일상생활 속에서 상황에 따라 여러 가지로 해석되는 낱말을 만나면 아이와 함께 국어사전에서 어울리는 뜻을 찾아 확인해 보세요. 또는 아이에게 문장에서 대신 쓸 수 있는 낱말을 생각해 보게 하거나 낱말의 앞뒤 내용을 살펴보고 관련 있는 뜻을 찾아보게 하는 것도 좋습니다.

	의미	예시
동형어	형태는 같지만 뜻이 서로 관련이 없는 낱말	밤₁. 밤나무의 열매 밤₂. 해가 져서 어두워진 때부터 다음날 해 뜨기 전까지
다의어	두 가지 이상의 뜻을 가진 낱말	눈₁ ① 사물을 볼 수 있는 감각 기관 ② 사물을 보고 판단하는 힘

　수업 시간에 배운 내용을 생활 속에서 실천하기 위해 노력하면 국어 문제집을 풀지 않더라도 실력이 향상됩니다. 글을 읽다가 모르는 단어가 나왔을 때는 그 뜻을 짐작하면서 읽어야 합니다. 뜻을 모르는 단어가 나오면 그 단어의 앞뒤 상황을 살펴봅니다. 그리고 그 단어의 뜻과 비슷하거나 반대인 낱말을 대신 넣어 보면 뜻을 짐작하는 데 도움이 됩니다. 그리고 그 단어를 사용한 예를 떠올려 보면서 뜻을 짐작하면 알 수 있습니다.

　관용 표현에는 '발이 넓다'와 같은 관용어와 '세 살 버릇이 여든까지 간다'와 같은 속담 등이 있습니다. 관용 표현은 둘 이상의 낱말이 합쳐져 그 낱말의 원래 뜻과는 다른 새로운 뜻으로 굳어져

쓰이는 표현을 말합니다. 대화할 때 관용 표현을 활용하면 더 재미있는 문장이 되고, 하고 싶은 말을 더 효과적으로 표현할 수 있습니다. 속담에는 옛사람의 생각과 지혜가 담겨 있고, 이를 사용하면 자신의 생각을 효과적으로 드러낼 수 있고, 듣는 사람이 흥미를 느낄 수도 있습니다.

ⓒ 행복한바오밥

보드게임 〈고피쉬 속담〉을 활용해 다양한 관용 표현을 익혀 국어 생활을 풍요롭게 할 수 있게 해 주세요. 다양한 상황에 관용 표현을 활용해 자신의 생각을 효과적으로 나타낼 수 있으니 연습을 충분히 하면 좋습니다. 또는 관용 표현을 그림으로 표현한 뒤에 퀴즈처럼 맞히게 하는 놀이를 하면 아이들이 재미있게 관용 표현을 공부할 수 있습니다. 초등 국어 학습만화 『속담 천재가 되다!』(Mr.Sun 어학연구소 저, oldstairs)도 추천합니다. 만화가 재미있게 구성되어 있어서 자주 꺼내 읽게 되고, 속담 실력도 늘게 됩니다.

좋아하는 소재로
20분 글쓰기

대부분의 사람은 글쓰기가 어렵다고 합니다. 노래처럼 재능이 있어야 가능한 거라고 생각하죠. 하지만 노래를 잘 부르는 사람들도 더 잘 부르기 위해서는 끊임없이 연습해야 합니다. 글쓰기도 마찬가지입니다. 우리가 쓰는 글은 문학작품이 아니기 때문에 타고난 재능이 없어도 노력에 따라 원하는 글은 얼마든지 쓸 수 있습니다.

첫째가 초등학교 5학년이 되었을 때 아이와 글쓰기를 시작해서 6학년 때까지 2년 동안 글쓰기를 했습니다.(그 자세한 과정은 『백만불짜리 글쓰기 습관』(인물과사상사)에 담았습니다.) 그 당시 저는 둘째 아이를 위해 육아휴직을 한 상태였는데, 알파고와 이세돌의

바둑 대결을 보면서 '미래 사회에 대비하기 위해 내 아이들에게 어떤 교육을 해야 할까'에 대해 고민을 많이 했는데, 다양한 책을 읽고 내린 결론은 미래 사회를 대비할 수 있는 역량을 키우는 가장 좋은 방법은 바로 '글쓰기'라는 것이었습니다.

아이와 처음 글쓰기를 시작할 때는 글씨를 바르게 쓰게 하려고 공책에 쓰라고 했습니다. 그런데 아이가 공책에 쓰면 고쳐쓰기를 할 때 불편하다고 이야기해서 노트북에 글쓰기를 했고, 글쓰기 폴더를 만들어 파일로 저장했습니다. 어떤 소재로 쓰느냐에 따라 20분이 눈 깜짝하면 사라지는 짧은 시간일 때도 있었고, 하얀 바탕에 깜빡이는 커서만 보면서 20분을 흘려보낸 때도 있었습니다.

제가 아이와 글쓰기를 시작할 때만 해도 글쓰기 소재와 관련해서 책이 많이 출간되어 있지는 않았는데, 검색을 통해 『초등학생이 좋아하는 글쓰기 소재 365』(민상기 저, 연지출판사)와 『창의력을 키우는 초등 글쓰기 좋은 질문 642』(826 VALENCIA 저, 넥서스 Friends) 이 두 권을 찾아 참고했습니다. 이 외에도 여행을 다녀온 뒤에는 여행기를 쓰기도 했고, 특별한 경험을 한 날에는 그 주제를 가지고 글을 썼습니다. 초등학교 고학년이라도 설명문이나 논설문을 쓰라고 하면 쉽게 쓰기 어렵습니다. 이때는 쓰는 일이 재미있고, 아이디어를 쏟아낼 수 있는 것만으로도 충분합니다. 큰아이는 중학교 때 인터넷 강의를 듣지도 않았고 학원을 다니지도 않았지만 국어를 어려워하지 않았는데, 꾸준히 글쓰기를 했던 덕분이라고 생각합니다.

　중학교에서 시행하는 글쓰기 수행평가에서도 뭘 써야 할지 아이디어 생성 단계부터 막혀 있는 학생들이 해가 갈수록 많아집니다. 비교적 시간 여유가 있는 초등학교 때 하루 20분 글쓰기를 하면 중학교 수행평가를 할 때 쓰기에 대한 부담감을 줄일 수 있습니다. 처음 시작할 때는 5분 글쓰기로 시작해도 됩니다. 글을 쓰는 일은 고도의 지적 활동이기 때문에 학년이 낮은 경우에는 쉽고 간단한 것부터 시작하는 게 좋습니다.

　국어사전으로 하는 '멈춰' 단어 게임도 아이들이 좋아합니다. 아이가 국어사전을 들고 페이지를 넘기다가 엄마가 "멈춰!"라고 하면 그 페이지에 있는 단어 중 하나를 골라 하나의 문장을 쓰는 놀이입니다. 이 활동의 좋은 점은 단어를 고르기 위해 사전을 읽게 되고, 단어의 뜻도 보게 되어 어휘력 공부까지 겸할 수 있다는 점입니다.

　처음에 저희 아이가 고른 단어는 '벌벌'이었습니다. 이 단어를 활용해 문장을 만들어 보라고 하자 아이는 '엄마가 화를 내서 벌벌 떨었다'라는 문장을 쓰더군요. 그랬다가 엄마의 표정이 변하는 걸 보더니 다른 단어를 골랐는데, 이번에 고른 단어는 '범벅'이었습니다. 이 단어로 처음 만든 문장은 '짜장 범벅이 되었다'입니다. 그래서 제가 "무엇이 그렇게 되었어?"라고 물어보자 조금 생각을 하다가 "짜장면이 맛있어서 급하게 먹으면 얼굴이 그렇게 돼요" 라고 답했습니다. 그걸 문장으로 써 보라고 하자 '짜장면이 맛있어서 허겁지겁 먹다 보니 얼굴이 짜장 범벅이 되었다'라는 문장을 썼습니다. 문장을 한글 문서로 작성할 때 아이가 짜장면이 맞는 말이 아니냐고 물었습니다. 그래서 '자장면, 짜장면 둘 다 표준어이고, 이걸 복수 표준어라고 한다'고 설명해 주었습니다. 만약 집에 국어사전이 없다면 다른 책으로 해도 됩니다. 이런 단계를 반복하면 아이는 자연스럽게 쓰고 싶은 단어를 떠올리고, 그걸 활용해 문장을 만들면서 앞뒤에 올 상황을 3개 이상의 문장으로 만들어 낼 수 있게 됩니다.

하버드대학교에서 40대 졸업생 1,600명을 대상으로 실시한 "현재 직장에서 가장 중요한 능력은 무엇인가?"라는 물음에, 90% 이상이 "글쓰기"라고 답했다고 합니다. 그 이유로는 사회 지도층으로 성장하는 과정에서뿐만 아니라 지도층이 된 뒤에도 꼭 필요한 것이 전문 지식과 논리력, 표현력인데 글쓰기가 이런 것들을 키우는 데 가장 효과적인 방법이기 때문이라고 합니다.

'아이의 문해력을 키우는 데 도움이 되니까 일찍 글쓰기를 시작하면 더 좋지 않을까요?'라고 생각하는 부모님도 많이 계실 겁니다. 그런데 저는 아이들이 5학년이 되었을 때 글쓰기를 시작했습니다. 이유는 단순합니다. 그 전에는 하기 어렵기 때문입니다. 아이와 함께 글쓰기를 직접 해 보시면 바로 이해하시게 될 겁니다.

저는 세 권의 책을 출간하고, 학교에서 가정통신문을 보내기 위한 안내문을 쓰고, 학교에서 보내야 하는 각종 보고서를 쓰면서 살고 있지만 글을 쓰는 일은 여전히 늘 어렵습니다. 글쓰기를 너무 일찍부터 강요하면 아이들은 글쓰기를 싫어하게 될지도 모릅니다.

김동식 작가의 『초단편 소설 쓰기』(요다)를 도서관에서 대출했습니다. 중학교 1학년 학생들은 자유학년제라고 말씀드렸지요? 그때 주제 선택이라는 시간에 학생들과 초단편 쓰기에 도전하려고 책을 빌렸습니다. 그런데 저희 둘째 아이가 책을 보더라고요. 그러더니 자신도 초단편을 써 볼까라는 말을 하는 겁니다. 이야기를 만드는 작가의 모습이 재미있게 보였나 봅니다. 그리고 형이 글쓰기를 한 내용을 적은 『백만불짜리 글쓰기 습관』(인물과사상사)이라는 책도 읽더니 혼잣말로 이렇게 이야기를 합니다.

"아, 나도 5학년이니 시작할 때가 되었나?"

많은 책에서 적기를 강조합니다. 그런데 지나고 보니 적기는 모든 학생들에게 공통으로 적용되는 시기가 아닙니다. 본인이 필요하다고 생각해서 하면 그런 단계들을 단기간 학습으로 건너뛰는 아이들을 많이 봤습니다. 중요한 건 재미를 느끼는 게 하는 겁니다.

아이와 함께 글쓰기를 어떻게 시작하면 좋을지 막막하다면 『창의력을 키우는 초등 글쓰기 좋은 질문 642』를 가지고 시작해 보는 것을 추천합니다. 이 책에는 '내가 만약 채식하는 호랑이라면?', '내 몸 절반이 동물로 변했다면?'처럼 기발한 질문들이 가득합니다. 이런 소재로 글쓰기를 한다면 창의력이 샘솟고, 글쓰기 실력도 키울 수 있어서 일석이조입니다. 글을 쓰다 보면 동물의 입장이 될 수도 있고, 현실에서는 일어날 수 없는 상황을 상상해서 써야 할 때도 있습니다. 뒤집어서 세상을 바라보면 창의적인 시각을 기를 수도 있게 됩니다. 처음에는 생각한다는 사실 자체가 어려울 수도 있습니다. 하지만 글쓰기 실력을 기르면 쓰기도, 읽기도 쉬워질 것입니다.

셀프 출판으로 작가 되기

아이가 글쓰기를 했는데, 컴퓨터 폴더 안에 모아두기만 하면 아쉬움이 있을 겁니다. 학교에 '글 쓰고 저자 되기'라는 몇몇 활동들이 있긴 하지만 실제로 이루어지는 경우는 많지 않습니다. 그래서 자녀가 모은 원고를 책으로 만드는 저렴한 방법을 소개합니다. 작가의 꿈을 조금 일찍 이루는 것도 좋을 거라고 생각합니다.

초등 선배 1학년이 후배 1학년에게 전하는 학교 적응 꿀팁 이야기가 있습니다. 교사들이 쓴 초등 1학년 학교생활 적응 방법은 많이 봤는데, 초등 1학년이 쓴 1학년 가이드북은 신선합니다. 책 제목은 『1학년이 쓴 1학년 가이드북』(BOOKK)입니다. 대구 대봉초등학교 1학년 학생들이 부크크(BOOKK)로 출판한 책입니다. 아마 담임 선생님이 책을 내는 데 도움을 주셨겠죠?

부크크(www.bookk.co.kr)는 책을 무료로 내주고, 인터넷 서점과 연계해서 책을 판 인세도 작가가 받을 수 있는 곳입니다. 이곳은 초판 발행 의무 부수가 없습니다. 원래 출판사는 기본적으로 발행해야 하는 부수가 있습니다. 부크크는 주문이 들어오면 한 부씩 인쇄하기 때문에 책을 쌓아두고 안 팔리는 부분에 대한 부담이 없습니다. 단, 판매할 만한 분량과 기본 맞춤법은 신경 써야 합니다. 심사 과정을 거쳐야 하거든요. 자세한 과정은 사이트에 방문해서 확인하실 수 있습니다. 사이트에 등록되어 있는 양식에 입력하면 되는데, 최소 페이지는 50매입니다. 저작권 없는 무료 폰트도 사용할 수 있고, 한글 서식에 사진을 넣거나 자녀가 그린 그림도 추가할 수 있습니다. 작가 서비스에서 맞춤법, 교정 교열을 15,000원이라는 저렴한 비용으로 받을 수도 있죠. 반려 없이 책을 출간하려면 활용해도 좋은 서비스라고 생각합니다.

자녀의 관심사를 책으로 써서 다른 사람들에게 도움을 주는 등 책을 매개로 소통하다 보면 국어 공부가 자연스럽게 될 거라고 생각합니다. 자녀가 종이접기를 좋아한다면 또래가 쉽게 이해할 수 있게 설명하는 글을 쓸 수도 있고, 물고기를 직접 키우고 관찰한 경험이 많다면 물고기 구피를 키우는 초보자가 꼭 유의해야 할 점도 충분히 글로 쓸 수 있을 겁니다.

제가 중학교 1학년 학생들과 글쓰기를 할 때 꼭 드는 예가 있습니다. 『여자친구에게 말 걸기』(소담주니어)는 알렉 그레븐이 여덟 살 때 호크초등학교에서 여자아이들을 따라다니던 경험을 쓴 책입니다. 이 책은 베스트셀러가 되었고, 저자는 엘렌 드제너러스 쇼와 CNN에 출연도 하고 많은 돈을 벌었다고 합니다. 알렉은 평소에 독서와 글쓰기를 좋아해서 자신의 경험을 솔직하게 쓸 수 있었고, 독자들은 여기서 감동을 받았던 것입니다. 이 이야기를 들으면 학생들은 자기도 글 쓰고, 작가가 되겠다면서 창작 의지에 불을 지핍니다. 인스타그램 팔로우를 늘리는 비법을 쓰겠다거나, 친구에게 공짜로 떡볶이를 얻어먹는 방법을 알려 주겠다고 합니다.

우리는 살아가면서 우리 주변을 둘러싼 세상을 관찰하고 다양한 경험 속에서 여러 가지를 생각하게 됩니다. 그리고 글쓰기를 통해 삶의 의미를 살펴볼 계기를 갖게 됩니다. 그 결과물인 책을 내게 된다면 학생들은 수동적인 읽기에서 벗어나 능동적으로 읽고 쓰는 지식 생산자로 성장할 것입니다. 그 과정에 국어 점수는 자연스럽게 올라갈 것입니다.

예비중
국어 공부법

앞에서 초등학교 시기에는 국어 문제집을 풀 필요가 없다고 말씀드렸지만, 중학교 입학을 앞둔 예비 중학생이라면 겨울 방학 때 어휘 교재나 예비과정 교재를 풀면서 중학교 국어를 준비하는 것이 좋습니다. 초등학교 때 배운 학습 용어가 중학교에서는 달라지기 때문입니다. 가령 초등학교 때는 글쓴이가 주제를 드러내기 위해 사용하는 글의 재료를 '글감'이라고 하지만, 중학교 때는 '소재'라는 말을 씁니다. 이렇게 중학교에서 달라지는 용어들을 미리 공부해 두면 나중에 선생님의 설명을 쉽게 이해할 수 있게 됩니다.

중학교의 경우 학교마다 교과서가 다르지만, 공통으로 배워야 하는 내용은 같습니다. 예를 들면, '비유적 표현의 원리와 그 효과를 알 수 있다'라는 핵심 성취기준을 어떤 학교에서는 「떨어져도 튀는 공처럼」(정현종)을 통해, 다른 학교에서는 「햇비」(윤동주)를 통해 배웁니다. 이때 시를 통해 학생들이 배워야 하는 내용은 비유적인 표현입니다. 직유법, 은유법, 의인법을 비유적 표현이라고 하거든요. 중학교 1학년은 자유학년제라서 지필평가는 실시하지 않습니다. 국어 수업 시간에 비유적 표현을 배우지만, 학생들은 시험을 안 보니 중요한 개념들을 외우며 자신의 것으로 만드는 노력을 덜 하는 것이 현실입니다. 그래서 중학교에 들어가기 전에 미리 공통으로 배우는 내용들을 공부해가면 수업을 들을 때 더 빠르고 쉽게 이해할 수 있을 겁니다.

앞에서 잠시 이야기했지만, 중학생이지만 어휘력이 낮은 아이들이 꽤 있습니다. 중학교 1학년 때 학생들이 학교생활에 잘 적응할 수 있도록 돕기 위해 '정서행동특성검사'를 실시합니다. 그런데 이 검사 전에 교사들이 학생들에게 꼭 이야기하는 것이 있는데, OMR카드 사용법도 아니고 단어의 뜻입니다. 단어 뜻을 몰라서 결과가 다르게 나오면 안 되니까요. 가령 다음 문장들에서 밑줄 친 단어의 뜻을 질문하는 경우가 종종 있습니다. 이게 우리 학생들의 현실입니다.

- 기발한 생각이 자주 떠오른다.
- 뚜렷한 이유 없이 여기저기 자주 아프다.(예: 메스꺼움)
- 이유 없이 감정 기복이 심하다.

생각보다 많은 아이들이 긴 글을 읽을 힘이 없습니다. 그런데 잘하는 학생들은 또 정말 잘합니다. 글도 잘 쓰고, 말도 잘하지요. 어려서부터 많이 읽고, 많이 써 본 학생들입니다. 영어와 수학만 수준 차이가 큰 것이 아닙니다. 국어 실력의 차이가 정말 엄청납니다. 그런데 이 차이를 줄여 볼 수 있는 시간이 저는 중학교 입학 전 겨울 방학과 중학교 1학년이라고 생각합니다. 물론 초등학교 때가 가장 중요하다는 책들도 많죠. 사실 중요하지 않은 시기는 없습니다. '지금'이 제일 중요합니다. 마케팅에 현혹될 필요는 없습니다.

학습도구어 익히기

조병영 한양대 국어교육과 교수는 "코로나19로 학교가 문을 닫으면서 약 30%의 학력이 손실된 것으로 보인다"라며 "중학교 3학년 학생 2,400여 명이 참여한 어휘력 평가에서 10명 중 1명만 혼자 교과서를 읽고 공부할 수 있는 어휘력을 갖고 있었다"라고 말했습니다.

　서울시 중학생의 65%는 교과서에 나오는 단어가 너무 어렵다고 합니다. 교과서에는 중요한 개념어들이 쏟아져 나옵니다. 그것을 얼마나 이해하느냐에 따라서 성적이 결정됩니다. 중학교 국어와 초등학교 국어는 같은 개념을 어떤 용어로 표현했는지에 따라 학생들이 어렵게 느끼는 일이 많습니다.

　학습도구어는 사고도구어, 학술어, 학술도구어, 학술기본용어 등으로도 지칭됩니다. 『EBS 당신의 문해력』의 뒷부분에선 무려 2,440개의 학습도구어를 제시합니다. 하나하나 뜻을 찾으면서 공부할 수는 없습니다. EBS에서 나온 『어휘가 독해다』 시리즈가 중학교 가기 전 방학 동안에 살펴보기엔 좋았습니다. 그래도 용어들을 문제집으로만 보고 넘어가면 완전히 내 것이 되는 데 한계가 있습니다.

　교과서에는 어려운 개념어들이 많습니다. 개념어를 국어사전에서 찾아도 뜻을 이해하는 데 한계가 있어 혼자 하는 공부가 더 어렵게 느껴집니다. 혼자 교과서를 보다가 모르는 단어가 나올 때마다 찾아볼 수 있는 개념어를 정리한 책이 있어서 추천합니다. 바로 『교과서 어휘력이 밥이다』(국밥연구소 저, 행복한나무)가 그것입니다. 학습도구어를 익히는 좋은 방법은 교과서나 책을 읽다가 잘 모르는 단어가 나오면 개념 공책에 정리하는 겁니다. 이때 개

넘어 사전을 찾아보면 좋습니다. 공책에 몰랐던 단어를 적고, 그 단어의 뜻을 쓴 뒤에 그 단어가 들어간 문장을 하나 적어 두면 됩니다. 적당한 문장이 떠오르지 않으면 교과서에 나온 문장을 적어도 됩니다.

전병규 저자는 『문해력 수업』(RHK)에서 '모든 공부는 일단 개념 학습에서 시작한다'라고 말합니다. 국어에서는 은유, 속담, 함축이, 수학에서는 분수, 약분, 막대그래프가, 사회에서는 열대성 기후, 과전법, 인문 환경이, 과학에서는 전자석, 노폐물, 전도가 무엇인지 정확히 이해하는 것에서 출발합니다. 그 이후에 개념을 사용하게 되죠. 어휘는 학습에서 필수적으로 알아야 하는 개념의 이름이라고 하니 아이가 미리 공부해 두게 하면 좋습니다.

중학 국어 개념 정리하기

시중에 다양한 문제집이 많으므로 서점을 한 번 돌아보고 아이에게 맞는 것을 고르시기를 바랍니다. 『그림과 함께 보는 중학 국어 개념 그리기』(교학사)는 예비 중학생도 쉽게 볼 수 있는 책입니다. 이 책은 중학교 입학 전 겨울 방학을 이용해서 공부하면 됩니다. 문제집을 다 풀면 문학, 비문학으로 구분되어 있는 기본서를 구입합니다. 문법은 학기 중에 복습으로 봐도 되기 때문에 구입하지 않아도 됩니다.

비문학 독해 연습하기

EBS 당신의 문해력(primary.ebs.co.kr/course/literacy#ltrcyTest) 사이트에서 문해력을 진단할 수 있습니다. 초등학교 3학년부터 중학교 1학년까지 각 테스트당 15개 문항으로 구성되어 있습니다. 테스트 시간은 20분이고, 결과에 따라 학습과정을 추천해 준다고 합니다. 우리 아이 수준에 맞는 학습을 진행하고 싶다면 진단해 보는 것도 좋습니다.

『관점 VS 관점』(이종보 저, 개마고원)은 하나의 사안을 바라보는 다른 관점을 보여주어서 미래의 낯선 문제들을 만나게 해 줍니다. 잊힐 권리, 유전자 특허권, 동물실험, 자율주행차, 로봇세, 빅데이터, 유전자 조작, 우주개발, 가상현실 등을 다루고 있습니다. 이 책을 읽고, 글쓴이의 주장과 근거를 표로 정리해 봅니다. 그런 다음 자신은 어떻게 생각하는지 의견과 근거를 적는 연습을 하면 비문학 독해 연습이 됩니다. 『파워풀한 교과서 과학 토론』(남숙경 외, 특별한서재), 『EBS 필독 중학 국어 비문학 독해』(한국교육방송공사) 시리즈, 『독해전쟁 1』(상상국어평가연구소)도 같은 방식으로 요약하면 좋습니다.

요약을 할 때는 몇 가지 유의해야 하는 것들이 있습니다. 지문에 있는 내용을 그대로 옮겨 적지 않습니다. 중심 문장을 찾아 내가 이해한 내용으로 바꿔서 표현해야 합니다. 이런 것들을 아이가 요약하는 글을 쓰기 전에 미리 알려 주세요. 처음부터 요약을 잘할 수는 없습니다. 그래서 중요한 단어에 밑줄을 그어 그 단어들을 이용해 요약해 보게 하는 것이 좋습니다.

고학년인데도 맞춤법,
띄어쓰기가 부족한 아이,
이렇게 해 보세요!

　사실 맞춤법은 어른이 되어서도 공부하지 않으면 계속 틀리는 일이 많습니다. 단체 카톡방에 올라오는 글들을 읽다 보면, 맞춤법을 지적하면 안 될 것 같아서 꾹 참지만 정말 많이 틀리는 표현들이 있습니다. 가령 '감기가 낳았다'는 표현이 나오면 이걸 어쩌나 하는 생각이 듭니다. '감기가 애도 아닌데 어떻게 낳는다는 표현을 쓰지?' 그저 놀랍지만 이걸 말을 해 줘야 하나 말아야 하나 혼자 내적갈등을 심하게 겪곤 합니다.

　요즘 아이들은 글로 정보를 접하기보다 영상으로 배우는 일이 많습니다. 그런데 자막에도 틀린 맞춤법이 많습니다. 띄어쓰기는 할 말이 없을 정도인 경우도 있고요. 그런 영상을 보면서 평소에 책을 많이 읽은 학생들은 어느 부분이 잘못되었는지 금방 압니다. 하지만 쓰는 일도, 읽는 일도 멀리하는 학생은 애초에 뭐가 틀렸는지 모르지요.

　맞춤법과 띄어쓰기에 대해서는 박규빈 작가의 그림책 『왜 띄어 써야 돼?』(길벗어린이)와 『왜 맞춤법에 맞게 써야 돼?』(길벗어린이)를 아이와 함께 읽은 후에 공부를 시작하면 동기부여가 잘 될 거라고 생각합니다. 두 그림책은 띄어쓰기를 제대로 하지 않아 생긴 일과 맞춤법에 맞게 쓰지 않아서 생긴 일을 재미있게 표현했습니다. 아이도 엄마도 읽으면 웃음이 절로 나옵니다.

초등 고학년 아이가 맞춤법, 띄어쓰기가 부족하다면 하루 10분 교과서를 따라 써 보는 것이 좋습니다. 너무 많이 쓰라고 하면 아이가 도망갈 수도 있으니 저는 뭐든지 처음 할 때 10분을 강조합니다. 독서가 싫은 학생도 10분은 버틸 수 있으니 10분 독서를 하고요, 글쓰기가 싫은 학생도 10분은 쓸 수 있으니 10분 글쓰기를 해 보라고 합니다. 교과서에서 아이가 좋아하는 부분을 10분간 또박또박 쓰게 하세요. 그러면 바른 표현과 띄어쓰기를 눈으로 보고 손으로 쓰면서 알게 됩니다. 그런 다음에 받아쓰기를 하세요. 10분 쓰기와 받아쓰기가 계속 쌓이면 아이는 맞춤법, 띄어쓰기에 자신감이 생길 겁니다. 받아쓰기를 할 때는 썼던 문장 중에 10개를 골라서 시험을 보면 됩니다. 아이가 썼던 문장 중에서 아이한테 5개를 고르게 하고, 부모님이 5개를 고르시면 됩니다. 아이가 어려운 문장을 고를 수도 있고, 쉬운 문장을 고를 수도 있습니다. 난이도는 부모님이 조절하시면 됩니다.

맞춤법 공부에 도움이 되는 받아쓰기 교재로는 『기적의 받아쓰기』(최영환 저, 길벗스쿨)가 있습니다. 시중에 나와 있는 아이의 수준에 맞는 필사책을 고르는 것도 하나의 방법이 될 수 있습니다. 필사책을 쓰면서 글쓰기 연습뿐 아니라 바른 글씨 쓰기도 지도할 수 있습니다.

국어 잘하는 아이들의
특징을 알려 드립니다

"선생님, 저 임용시험 합격했어요."

졸업생 해인이가 학교에 찾아왔습니다. 물리 과목으로 시험을 보고 합격했다고 이야기를 합니다.

"어? 너는 국어로 시험 볼 줄 알았는데."

해인이는 글쓰기 실력이 뛰어난 학생이었습니다. 말을 할 때도 논리적으로 해서 다른 이들을 잘 설득시키던 학생이었죠. 그런데 물리로 시험을 봤다고 해서 놀랐습니다. 물론 저는 그 학생을 중학생 때 봤고, 그 학생은 고등학생이 되어 공부를 하면서 자신이 이과 성향이라는 것을 알았을 수도 있습니다. 국어 교사가 되었어도 학생들을 사랑하면서 잘 가르쳤을 거라고 생각합니다.

해인이가 중학생일 땐 학생들의 등교 시간이 지금보다 빨랐습니다. 그래서 아침 독서 시간에 책을 펴 놓고 읽는 시늉만 하는 학생들도 꽤 있었지요. 하지만 해인이는 언제나 집중해서 책을 읽었습니다. 많은 졸업생 중에도 해인이가 기억에 남았던 이유는 책을 읽다가 이해가 되지 않는 부분이 나오면 질문을 하는 학생이었기 때문입니다. 학생들에게 질문을 하라고 권하지만, 스스로 궁금한 걸 적극적으로 묻는 학생은 사실 많지 않습니다. 해인이는 많은 책을 읽고 질문도 서슴지 않고 하는 학생이었습니다. 당연히 국어 시간에 글을 쓰는 활동도 다른 학생들보다 더 잘 했습니다. 국어를 잘했기 때문에 다른 과목을 이해하고 공부하는 데 어려움이 없었을 거라고 생각합니다.

고등학교뿐 아니라 대학에 가서도 끝없이 교재를 읽고 내용을 이해하며 암기하는 공부를 하는 경우가 많습니다. 그렇기에 국어 공부를 제대로 하면 다른 공부를 하는 데 큰 도움이 되는 것이 사실입니다.

학교에서 비유를 가르칠 때 아이들에게 좋아하는 가요에서 비유법 중 직유법과 은유법을 찾아보라고 했습니다. 국어 지식으로 '~처럼, ~같이'는 직유법, 'A는 B'는 은유법을 외우던 아이들이 가요에서 찾으라고 하니 여러 곡에서 찾아 왔습니다. BTS 〈봄날〉이란 곡에서 '하얀 연기처럼'이라는 가사가 직유법을 썼다고 말합니다. 윤도현의 〈나는 나비〉를 들려주면 은유법이 제목에 사용되었다고 바로 압니다. 이렇게 자신의 생활과 국어 지식을 연결해 주면 아이들은 관련된 내용을 바로바로 찾아내고 쉽게 이해합니다.

국어를 잘하는 아이들은 열심히 책을 읽고, 글쓰기를 즐깁니다. 누가 시켜서 그러는 것이 아니라 재미있어서 합니다. 그리고 그들 곁에는 관심을 갖고 지켜보며 응원을 보내는 부모가 있습니다.

수능으로 이어지는
국어 공부의 방향
– 중등

제1장

중학교 학년 공통 국어 공부

어려워지는
중학 국어

여름방학 진로 과제로 '도전 3주 프로젝트'를 진행했습니다. 이 프로젝트는 학기 중에는 수업 및 과제 수행 등으로 쉽게 도전하지 못하는 일들을 방학을 이용해 배움의 기회를 가져보고, 이를 성취하여 자신감을 갖도록 하기 위한 프로젝트입니다. 개학 후 자신이 수행한 프로젝트를 발표하는 시간을 가졌습니다. 방학에 콩나물을 키운 이야기, 가족에게 음식을 만들어 준 이야기 등 비슷비슷한 내용의 발표가 이어지던 중 동혁이의 발표가 시작되었습니다. 일단 중학교 1학년의 작품이 맞나 싶을 정도로 파워포인트를 이용해 발표 자료를 만드는 실력이 뛰어났습니다. 동혁이가 자신의 꿈이 회계사라서 기업의 재무제표를 보는 눈을 키우기 위해 주식투자를 시작했다는 말을 하자 교실에 있던 학생들이 술렁이기 시작했습니다. 수익률을 비교하는 표를 두고는 더욱 놀랐습니다. 20%가 넘는 수익을 거두고 있었기 때문입니다. 자신의 꿈을 향한 뚜렷한 목표를 세우고, 연습 삼아 소액을 주식에 투자하여 높은 수익률을 달성하는 등 꿈을 이루기 위해 노력하는 멋진 태도를 지닌 학생이었습니다.

국어 수업의 '10분 독서' 시간에 동혁이가 읽는 책을 가만히 살펴보니 보통의 십 대들이 좋아하는 책이 아니라 주식투자, 기업 분석에 대한 책을 읽으며 자신의 꿈인 공인회계사가 되기 위해 준비하고 있었습니다. 그 후로 저는 학습연구년으로 학교에 출근을 하지 않았고, 동혁이가 어떻게 공부하는지 알지 못했습니다. 1년이 지나고 동혁이가 어떻게 성장해 있을지 정말 궁금했습니다. 도서관에서 우연히 동혁이를 만나 공부를 잘하고 있는지 물었습니다.

"생각보다 국어 성적이 잘 안 나와서 걱정이에요."

동혁이는 국어 공부가 어려워졌다고 말했습니다. 제가 기억하는 동혁이는 자기주도적으로 계획하는 아이였습니다. 그런데 자신이 관심 있는 분야만 집중적으로 공부하다 보니 국어 공부를 소홀히 하게 되었다고 합니다.

내가 좋아하는 일을 계속하기 위해서는 국어 공부도 열심히 해

야 합니다. 지금부터 설명하는 내용은 중학교 국어 공부를 잘할
수 있게 도와주는 방법들입니다. 눈여겨보시고, 우리 자녀가 계획
을 세워 공부할 수 있도록 안내해 주시면 좋습니다.

수행평가를 대비하는
글쓰기 익히기

"이제 둘째 너도 글쓰기를 시작해야 해."

겨울 방학을 활용해 글쓰기를 시작해야 한다는 말을 둘째에게 하자 첫째가 이렇게 이야기했습니다.

"엄마, 내가 초등학교 때 쓴 글을 다시 읽어 보니까 건질 것이 없어요."

첫째는 초등학교 5학년 때부터 매일 글쓰기를 20분씩 했습니다. 그때 피아노와 미술 학원만 다니고 다른 과목은 학원을 다니지 않을 때였습니다.

4차 산업혁명 시대에 아이들이 키워야 할 능력은 무엇일까요?

당시에 이와 관련된 많은 책을 읽고 제가 내린 결론은 글쓰기 능력을 키워야 한다는 것이었습니다. 창의성, 문제 해결력, 이런 것들을 키울 수 있는 방법이 글쓰기였거든요. 그 이후 출판 시장에 글쓰기 책이 많이 나왔고, 초등학교에서도 글쓰기를 하는 일이 많아졌습니다.

첫째 아이가 다니던 초등학교에서는 일기 쓰기 대신에 '마음장'이라는 공책에 창의성을 키우는 글쓰기를 했습니다. 일기 쓰기는 선생님 검사용이라면서 잘 안 쓰던 아이가 이 글쓰기는 열심히 했습니다. 제가 살펴보니 마음장 글쓰기는 초등학생에게 꼭 맞는 활동이었습니다. 글쓰기를 하자는 말에 뭘 써야 할지 내용 생성이 안 되는 아이를 데리고도 부담 없이 시작할 수 있고, 쓰는 과정에서 학생들도 재미를 느낄 수 있는 방법이었습니다. 마음장의 글쓰기 주제를 몇 개만 예를 들어 보겠습니다.

- 끝말잇기에서 무조건 이길 수 있는 단어 10가지
- 죽음의 문턱에서 저승사자가 당신을 데리러 왔다. 저승사자를 따돌릴 구체적인 계획을 세워라.
- 산타의 진실은 언제, 어떻게 알게 되었나?
- 10만 원을 100만 원으로 불릴 수 있는 방법

그런데 그 글쓰기를 했던 첫째가 저에게 마음장을 쓸 때 고쳐쓰기를 너무 안 한 것 같다고 말하면서 이제 고등학생인데 저에게 글쓰기를 다시 배우고 싶다고 합니다. 수행평가가 많은데 글쓰기를 해야 할 때가 너무 많다면서요. 국어 과목뿐 아니라 과학, 역사 등에서도 수행평가 항목에 쓰기가 많습니다. 다음 표는 경기도 내 한 중학교의 2022학년도 평가계획 중 일부입니다.

과목	수행평가 예시
도덕	도덕적 인물 보고서 작성하기, 성찰 일기 작성하기, 폭력 예방 글쓰기
사회	문화 융합 아이디어 제안서 쓰기, 내가 쓰는 청와대 일기
역사	역사 글쓰기, 탐구 보고서 쓰기
수학	유리수와 순환소수 관계 쓰기, 그래프로 나타내고 해석하기(논술형)
과학	대기 중의 물 설명하기(논술형), 판의 경계에서 일어나는 일 서술하기, 마찰력 특성 서술하기, 생물 다양성 유지를 위한 활동 쓰기, 과학 탐구 일지
기술 가정	표준화가 되지 않은 사례 찾기, 효율적 에너지 이용 방안 제시하기
음악	청소년을 위한 관현악 입문 감상 후 글쓰기, 음악사조와 미술사조의 연관성 논술하기
미술	미술작품 감상 후 글쓰기, 미술사를 이해하고 자신의 생각 서술하기
영어	나만의 문법 공책 만들기, 자기 탐색 후 글쓰기

이런 수행평가에 대비하기 위한 글은 어떻게 써야 할까요? 이

런 종류의 글쓰기는 독자가 정해져 있습니다. 바로 담당 과목 교사입니다. 선생님이 성취기준을 바탕으로 평가 기준을 정하고, 평가 요소도 정해져 있기 때문에 철저하게 여기에 맞게 글을 써야 합니다. 우선, 국어 수행평가를 대비하기 위한 글은 어떻게 써야 하는지 살펴볼까요?

국어 수행평가 대비 글쓰기 노하우

국어는 독서감상문(서평) 쓰기, 설명문 쓰기, 논설문 쓰기 등이 수행평가로 제시되는 경우가 많습니다. 독서감상문을 쓸 때는 문학 작품의 내용을 자기 경험과 연관 짓고 성찰한 후 자기만의 주체적인 관점이 담긴 독서감상문을 작성해야 합니다. 단순히 문학 작품의 내용을 정리하여 독서감상문을 작성한다면 주체적인 관점이 빠져 있고, 자기의 경험과 연관되어 있지도 않기 때문에 좋은 점수를 받을 수 없습니다.

독서감상문을 쓸 때는 타당한 근거를 제시하여 작품을 해석하고 평가했는가, 자신만의 해석과 감상이 충분히 반영되어 있는가, '처음-중간-끝'의 구조에 맞게 글을 썼는가, 독자가 이해하기 쉽게 표현하였는가의 4개 요소를 모두 충족하면 만점을 받고, 그렇지 못한 경우에는 감점이 됩니다.

설명문을 쓸 때는 설명하고자 하는 대상의 특성에 적합한 설명 방법을 사용하여 설명 대상이 효과적으로 드러나도록 써야 하고, '처음-중간-끝'의 설명문의 구조에 맞게 글을 작성해야 합니다. 내용과 형식을 모두 지켜야 하는 겁니다.

논설문을 쓸 때는 주장이 명료하게 드러났는가, 주장을 뒷받침하는 근거가 객관적이고 믿을 만한가, 주장하는 내용에 맞게 타당한 근거를 제시하였는가, '서론-본론-결론'의 형식을 갖추었는가의 4개 평가 요소를 모두 만족한 경우에는 만점을 받고 그렇지 못한 경우에는 감점이 됩니다.

모든 과목 수행평가 대비 글쓰기 노하우

모든 과목 수행평가에 적용할 수 있는 몇 가지 글쓰기 방법을 알려 드리겠습니다. 수행평가를 대비할 수 있도록 미리 안내를 하기 때문에 관련 자료를 찾고 연습을 하는 것이 필요합니다.

첫째, 첫 문장을 잘 써야 합니다. 첫 문장에 이 글을 통해 하고 싶은 말을 쓰면 좋습니다. '○○ 책을 읽었다'라거나 '수행평가라서 읽었다'라는 흔한 표현보다는 책 내용을 일부 인용하거나, 명언으로 시작하면 채점을 위해 많은 글을 읽어야 하는 교사도 흥미를 갖게 됩니다. 이렇게 처음을 수월하게 시작하면 뒷부분을 잘 쓰게 됩니다.

둘째, 간략하게 쓰는 것이 좋습니다. 수행평가에 반영된다는 말에 아이들은 긴장합니다. 분량만 채우고, 다시 고치는 일도 시간 안에 해내기 어렵습니다. 잘 쓰려고 어깨에 힘이 들어가면 문장이 하염없이 길어지기도 합니다. 평소에 문장을 간결하게 쓰는 연습을 하는 것이 도움이 됩니다.

셋째, 한글 프로그램을 활용해 미리 작성해 보면 좋습니다. 수행평가는 미리 공지가 되기 때문에 준비할 시간이 있습니다. 대부분의 학생들은 어떤 내용을 써야겠다는 생각을 하고 학교에 갈 뿐 분량이 어느 정도 될지 확인하지 않습니다. 그래서 시간이 부족해 '서론-본론'만 쓰고 결론을 쓰지 못하는 일도 생깁니다. 수행평가라는 중요한 순간에 조건에 맞는 글을 쓰기 위해서는 자신이 쓸 내용과 분량을 확인하는 연습이 필요합니다.

넷째, 다양한 매체 자료를 준비해야 합니다. 관련 도서를 미리 읽어 보거나 신문 기사를 검색할 수도 있고, 유튜브에서 적절한 동영상을 보고 자신이 쓸 글의 재료로 활용할 수 있습니다. 단, 준비한 자료에 자신이 모르는 단어가 있으면 그대로 사용하지 않고 뜻을 확인해야 합니다. 긴장한 상태에서 엉뚱하게 사용할 수도 있기 때문입니다.

수행평가를 준비하는 아이들에게 위에서 언급한 내용들을 미리 알려 주시고, 연습해 볼 수 있게 해 주시면 좋겠습니다.

준비해야 할
문제집 두 권
(내신용, 수능 대비용)

　　학기 초가 되면 수업을 다녀온 선생님들이 교무실에서 크게 한탄을 합니다. 작년보다 수업 내용을 이해하기 힘들어하는 애들이 더 많아진 것 같다는 겁니다. 그런데 그런 아이들은 점점 더 늘어날 거라고 생각합니다. 이런 일을 줄이기 위해 초등학교 때 기초를 단단하게 잡아두면 학년이 올라가면서 내용들이 심화되더라도 흔들리지 않을 겁니다.

　　그렇다면 국어의 기초는 어떤 것들일까요? 일단 어휘입니다. 단어의 뜻을 모르면 글을 제대로 읽을 수 없고, 선생님의 설명도 이해하기 어렵기 때문입니다. 다음으로는 국어 시간에 배우는 갈래의 정확한 명칭과 정의를 알아야 합니다. 수필, 설명문, 논설문,

소설, 시 등의 정의를 알고 있고, 내가 공부하는 글이 어떤 갈래인지 파악할 수 있어야 합니다.

중학교 국어 내신 점수를 잘 받는 방법은 학교 수업을 성실하게 듣는 것입니다. 학교 선생님이 출제를 하시기 때문에 중요한 내용은 수업 시간에 모두 언급해 주십니다. 그리고 학교 수업 시간에 배운 내용을 문제를 통해 확인할 수 있는 문제집을 준비합니다. 자습서는 필요 없습니다. 자습서는 문제집보다 훨씬 두껍고 꼭 필요하지 않은 내용도 많이 들어가 있습니다. 문제집 한 권과 수업 시간에 선생님이 필기해 주신 내용, 나누어 주신 활동지만 있으면 됩니다.

중학교 3학년이 되면 수준에 맞는 비문학 독해 연습을 시작하는 것이 좋습니다. 수능 대비용으로 출간되는 비문학 독해 문제집을 풀어도 좋고, 신문 칼럼을 보면서 배경지식을 넓히는 것도 도움이 됩니다. 이때는 양보다는 질이 중요합니다. '나는 방학에 문제집 몇 권을 풀었다'라는 것보다는 비문학 독해 구조를 보는데 얼마나 시간을 투자했는지가 더 중요합니다.

비문학 독해 구조를 보는 방법은 어렵지 않습니다. 비문학 독해 지문은 대략 4~5개 문단이 제시되고, 옆에 문제가 나와 있습니다. 대부분 학생들은 오른쪽에 있는 문제를 먼저 읽고, 지문을 읽으면서 어떤 내용을 파악해야 하는지 확인합니다. 하지만 문제를 잘 푸는 것보다 더 중요한 건 문단의 내용을 꼼꼼하게 파악하는 것입니다. 비문학 독해를 진행할 때 다음 4단계를 적용하며 글의 구조를 파악하는 훈련을 해 보도록 도와주세요. 이렇게 정리를 하는 것이 문제를 많이 푸는 것보다 좋습니다. 단, 이 방법은 시간이 걸리기 때문에 하루에 지문 1개만 해도 충분합니다.

단계	훈련 내용
1단계	문단 앞에 번호를 씁니다. 글에 표시가 되어 있으면 생략해도 됩니다.
2단계	가장 중요한 단어에 동그라미 표시를 해 둡니다. 1, 2개가 적당합니다.
3단계	문단의 중심 내용이 담긴 문장에 밑줄을 긋습니다. 문단의 중심 내용은 문단의 가운데보다 앞이나 뒤에 있는 경우가 많습니다.
4단계	글의 주제를 한 문장으로 적습니다.

문해력을 강조하고 수능 국어가 어렵게 출제된다는 이야기가 많아지면서, 초등학생용 일일 독해 문제집이 많이 출간되고 있습니다. 공부를 하면 물론 도움이 되겠지만, 여러 번 강조했듯이 초등학교 때는 독서와 글쓰기로 국어 공부를 하는 것이 중요합니다. 갑자기 어려워지는 중학 국어 대비가 필요하다고 생각하신다면 초등 6학년 겨울 방학 때 예비과정 문제집을 풀어 보는 정도면 충분합니다. 하지만 그 전부터 독해 문제를 푸는 것은 요령만 익힐 우려가 있습니다.

그래도 뭔가 불안하다고 여기신다면 이런 책들은 어떨까요? 우선, 잡지 『독서평설』을 추천합니다. 초등학생용, 중학생용, 고등학생용이 있는데, 문해력과 상식을 키우는 데 도움이 됩니다. 아이에게 신문 사설과 칼럼을 읽혀보고 싶은데 기사 선정이 어려운 분들께는 최홍수 작가의 『신문사설과 칼럼으로 배우는 세상 이야기와 국어공부』(사설닷컴)도 추천합니다. 5대 일간지 기준으로 사설과 칼럼 중 청소년이 알아야 할 주제를 선정한 책으로 매년 출간되고 있습니다. 단어 및 한자 익히기와 주제문 작성하기까지 추가되어 있어 상식을 넓히는 공부를 하는 데 적당합니다.

다른 교과서에 나오는
문학작품 읽어 두기

　　중학교의 경우 본책의 출간년도 기준으로 현재 국어 교과서를 만드는 출판사는 9곳입니다. 우리 아이가 배우는 교과서 말고 다른 8곳에 수록된 작품들을 읽어 두면 고등학교 때 도움이 됩니다. 게다가 교과서에 수록된 작품은 대체로 유명하거나 문학성이 뛰어나니 읽어 볼 만한 가치가 있습니다. 참고로, 예전보다 학생들의 학업 부담을 줄이기 위해 수록 문학작품은 많이 줄었습니다.

　　도서관이나 서점에 교과서에 나오는 작품을 모아둔 책들이 나와 있습니다. 작품 뒤에는 친절하게 읽고 생각할 문제까지 수록되어 있으니, 이런 것들을 정리하면 좋습니다. 읽을 때는 내용에만 집중해서 읽으면 안 됩니다. 먼저, 이 작품들을 통해 어떤 성취 기준을 배우게 되어 있는지를 살펴봐야 합니다. 가령 중2 교과서 작품 읽기에 나오는 주요섭의 「사랑손님과 어머니」는 1인칭 관찰자 시점을 파악하기에 중요한 작품입니다. 어린 화자가 사랑손님과 어머니 사이의 관계를 제대로 알기는 어렵습니다. 그런 관찰자를 통해 독자는 소설의 묘미를 알게 되는 거죠. 공선옥의 「일가」도 학생들이 시점을 공부할 수 있게 교과서에 수록되어 있습니다. 작품을 모두 읽고 나면 뒤에 나온 활동이 귀찮다고 넘기지 않고, 활동 내용을 기록하도록 해 주세요.

문학작품을 그냥 읽으면 안 읽는 것보다는 낫겠지만 국어 실력이 바로 늘지는 않습니다. 교육과정에 맞게 학습도 가능하게 보완해 주는 것이 필요합니다. 작품을 다양한 각도에서 자신의 해석을 넣어 보는 활동도 꼭 필요합니다. 작품은 혼자 존재할 수 없기 때문입니다. 작품의 사회적 맥락을 살펴보고 다른 장르와도 연계할 수 있기 때문에 다른 교과서 작품 읽기가 꼭 필요합니다.

제2장

중학교 1학년
국어 공부법

읽기 영역
공부법

학교를 찾아온 졸업생들은 입을 모아 말합니다.

"선생님, 중학교 국어 시간이 그리워요."

그러면서 아이들이 하는 말이 국어가 암기 과목이라는 걸 고등학교에 가서 알았다고 합니다. 제가 분명히 중요 개념은 꼭 외우라고 했는데 말이죠. 아이들은 국어 수업 시간에 어떤 날은 칠판 가득한 판서를 따라 필기하고 나면 50분 수업이 끝나기도 했다면서 활동 중심 수업이 그립다는 이야기를 건네기도 합니다.

많은 학생들이 고등학교에 가니 국어가 정말 어렵다는 말을 하지만 고등학교 국어도 중학교 국어를 열심히 공부하면 충분히 대비할 수 있습니다.

예측하며 읽기, 요약하며 읽기

우리는 영화 포스터를 보고 어떤 내용을 다룬 영화일지 예측해 봅니다. 책도 마찬가지죠? 글을 읽을 때도 내용을 예측하면서 읽으면 그냥 읽을 때보다 훨씬 재미있게 읽을 수 있습니다.

글을 읽을 때 글쓴이가 준 정보나 주장을 바탕으로 다음에 나올 글의 내용, 구조, 주장, 의도, 주장에 대한 근거, 사회에 미칠 영향 등을 생각하면서 읽는 것을 '예측하며 읽기'라고 합니다. 책의 제목이나 차례, 머리말에 나타난 정보로 앞으로 전개될 글의 흐름과 결말을 예측할 수 있습니다. 글의 구조, 결말, 글쓴이의 주장에 대한 근거는 내용을 점차 읽어 가면서 예측할 수 있습니다. 또, 독자가 갖고 있는 배경지식이나 경험은 이 글이 갖고 있는 숨겨진 의도나 사회에 미칠 영향을 예측할 수 있게 합니다.

초등학교 5학년 때 이미 '추론하며 읽기'를 배웁니다. 저는 초등학교 수업을 하지 않기 때문에 중학교에서 배우는 내용을 학생들이 언제 배웠는지 확인해 봅니다. 학생들한테 언제 배운 내용이라고 알려 주면 기억을 하는 학생들도 있습니다. 중학교에서 배우는 〈예측하며 읽기〉 단원에서는 논설문과 단편 소설이 교과서 수록 지문인 경우가 많습니다. 글의 종류에 따라서 예측하는 방법이 달라질 것입니다.

학생들이 수동적으로 읽지 않게 하려고 교과서 양옆에는 질문들이 있습니다. 이 질문에 대한 답을 하면서 읽으면 예측하며 읽을 수 있습니다. 물론 모든 지문에 이렇게 질문이 있지는 않습니다. 질문하며 읽는 것이 어려운 학생들이 사실 굉장히 많아서 질문이 없는 지문에서는 어떤 식으로 질문해야 하는지를 알려 줘야 합니다.

소설을 예측하며 읽을 때는 논설문과는 다른 방법을 씁니다. 소설은 등장인물의 성격을 고려해야 합니다. 제가 가르치고 있는 교과서에는 오 헨리의 「마녀의 빵」이 수록되어 있습니다. 학생들이 예측한 결말과 실제 소설의 결말을 비교하면서 읽으면 더 집중할 수 있습니다. 글을 읽는 과정이 작가의 생각을 고스란히 받아들이는 것이 아니고, 글쓴이와 읽는 사람이 대화하는 의사소통의 과정이기 때문에 이런 과정들은 필요합니다.

'요약하며 읽기'는 초등학교 5학년에서도 중요하게 배우는 방법입니다. 글을 요약할 때는 각 문단의 중심 문장을 찾고, 중요하지 않은 내용은 지우고, 세부적인 내용은 대표적인 말로 바꿔야 한다고 배웁니다. 중학교에 와서는 좀 더 구체적으로 요약하며 읽기 방법을 배우게 됩니다.

쓰기 영역
공부법

수필 쓰기, 내용 선정하여 쓰기

쓰기 단원은 한 학기에 소단원 한 개 정도 있습니다. 하지만 실제로는 모든 단원이 끝날 때마다 자신의 생각을 쓰는 부분이 많습니다. 쓰기는 문제집을 많이 푼다거나 문법을 많이 안다고 해서 잘 쓸 수 있는 것이 아닙니다. 쓸거리를 생각해 내는 내용 생성부터 고쳐쓰기까지 열심히 연습해야 합니다. 사실 고쳐쓰기는 어렵습니다. 한 번 글을 쓰는 것도 어려운데, 고쳐 쓰는 일은 더 어렵습니다. 그렇지만 다음의 점검 항목에 따라 글을 다시 읽으며 고쳐 쓸 부분을 살펴보면 어려운 일이지만 할 수 있습니다.

점검 항목	예	아니요
처음, 중간, 끝에 들어갈 내용이 적절하게 구성되어 있나요?	☐	☐
각 문단의 중심 내용은 글의 주제와 밀접하게 연관되어 있나요?	☐	☐
중심 문장과 뒷받침 문장의 내용이 적절한가요?	☐	☐
지시어나 접속어의 사용이 적절한가요?	☐	☐
자료를 활용하여 내용을 풍부하게 생성하였나요?	☐	☐

2022 개정 교육과정이 적용되면 쓰기 부분은 더욱 강화될 예정입니다. 물론, 현재도 학교의 정보공시나 학기 초에 평가 내용을 안내하는 가정통신문을 통해 평가의 세부 내용을 살펴보면 쓰기가 많습니다. 그러니 쓰기 단원이 읽기나 문학보다 국어 교과서에 덜 나온다고 중요도가 낮다는 것은 아니라는 것을 재차 강조드립니다.

수행평가 쓰기도 많습니다. 정해진 시간에 쓰고 제출하는 수행평가가 많기 때문에 평소 쓰기에 어려움을 느끼는 학생이라면 수행평가를 위해서라도 연습을 해야 합니다. 중학교 1학년 과정에서는 '수필 쓰기'와 '내용 선정해서 쓰기'를 배우게 됩니다. 교육과정에 나온 중학교 1학년 쓰기 영역 성취기준은 다음과 같습니다.

첫 번째 성취기준부터 살펴볼까요? '감동(感動)'은 '크게 느끼어 마음이 움직이는 것'을 뜻합니다. 우리는 일상생활에서 다양한 감정을 느낍니다. 이것을 잘 녹여서 독자에게 감동을 줄 수 있도록 글을 써야 합니다. 먼저 자신에게 일어난 인상적인 경험 하나를 고릅니다. 그리고 그 경험에 대한 느낌이나 생각을 솔직하게 씁니다. 다시 읽어 보고 고쳐 쓰면 됩니다. 많은 학생들이 무엇을 골라서 써야 하는지 인상적인 경험을 고르는 일부터 어려움을 겪습니다. 대부분의 학생들이 비슷한 환경에서 자라고 같은 패턴으로 생활하고 있기 때문에 그렇습니다. 꼭 대단한 일이 아니어도 된다고, 어떤 이유 때문에 기억에 남아 있는지를 쓰면 된다고 이야기해 주어야 학생들은 일상을 돌아봅니다. 그래도 어려움을 겪을 때에는 자신의 SNS나 휴대폰 사진첩에 있는 사진들을 보면서 내용을 고르도록 합니다.

두 번째 성취기준을 볼까요? 아주 중요한 단어인 '통일성'이 나옵니다. 이 개념은 앞으로 비문학 독해를 풀거나 글쓰기를 할 때

항상 기억하고 자신의 쓰기에 적용해야 하는 개념입니다. 글의 여러 세부 내용이 하나의 주제로 긴밀하게 연결되는 성질을 '통일성'이라고 합니다. 한 편의 글의 주제는 당연히 하나여야 합니다. 그리고 뒷받침하는 내용은 모두 주제에서 벗어나지 않아야 합니다. 내가 조사한 자료가 너무 아까워서 주제와 관련이 없는데도 글 속에 넣어서 분량을 채우기만 한다면 통일성을 해치는 글이 됩니다. 주제와 관련이 없으면 과감하게 삭제해야 합니다. 너무 당연한 이야기를 하죠? 하지만 학생들의 글을 보면 통일성을 해치는 부분이 의외로 많습니다. 그러니 이 단원을 배우면서 통일성의 개념을 정확하게 알고, 글을 볼 때 주제와 관련이 없는 부분이 없는지 살펴봐야겠죠?

통일성을 갖춘 글의 특징을 다시 정리해 보면 다음과 같습니다.

◆ 통일성을 갖춘 글의 특징 ◆

1. 세부 내용이 하나의 주제로 연결되어 있어야 한다.
2. 한 편의 글에서 다루는 주제는 하나여야 한다.
3. 뒷받침하는 내용이 주제를 벗어나면 안 된다.
4. 주제와 관련이 없는 불필요한 부분은 삭제해야 한다.

다음은 통일성을 갖춘 글을 쓰는 방법입니다.

◆ 통일성을 갖춘 글 작성법 ◆

1. 글을 쓰는 목적, 의도, 주제를 명확하게 정한다.
2. 주제와 관련된 세부 내용을 선정한다.
3. 개요를 작성하여 내용을 조직한다.
4. 글을 쓴 후에 문단 수준이나 글 수준에서 불필요한 정보가 있는지 점검하여 고쳐 쓴다.

글을 쓸 때는 다양한 자료를 활용해야 합니다. 이런 과정을 자료 수집이라고 하는데, 매체 활용이나 직접 경험을 통해 자료를 수집할 수 있습니다. 자료 수집 없이 글을 쓴다면 글의 구성이나 내용이 허술하고, 내용이 구체적이지 않을 수 있습니다. 그리고 내용에 오류가 있을 수 있습니다.

자료 수집 방법	종류
매체 활용	• **인쇄 매체:** 책, 사전, 신문 등 • **영상 매체:** TV, 영화 등 • **인터넷 매체:** 인터넷 게시판, 블로그, 이메일, SNS 등
직접 경험	면담, 견학, 관찰, 실험, 설문 조사 등

이런 글쓰기 과정을 통해 개요를 작성하고 한 편의 글을 쓰는 활동을 국어 시간에 합니다. 시험 없이 평가를 어떻게 하냐고요? 학생들이 작성한 글을 보고 과정을 평가하여 학교생활기록부 과목별 세부사항에 기록합니다. 왜 수업 시간에 성실하게 활동에 참여해야 하는지 이해하실 수 있으시죠? 시험 한 번 잘 봐서 점수로 기록되는 것이 아니라 학생이 자료를 찾아 개요를 작성하고, 직접 글을 쓴 다음 고쳐쓰기 하는 과정이 학생들에게 정말 필요한 글쓰기 과정입니다.

문법 영역
공부법

품사, 어휘의 체계 및 양상

1학년 문법 시간에 학생들은 어휘의 체계와 양상을 배우고, 품사를 분류하는 기준과 종류, 특성을 탐구합니다. 성취기준과 학습 요소를 살펴볼까요?

성취기준	학습 요소
어휘의 체계와 양상을 탐구하고 활용한다.	어휘의 체계와 양상
품사의 종류를 알고 그 특성을 이해한다.	품사의 종류와 특성

문법 단원은 중학교 1학년 학생들의 눈빛이 달라지는 걸 목도

할 수 있는 단원입니다. '어휘의 체계를 너희들은 이미 알고 있다'고 아무리 말을 해도 아이들은 고개를 가로저으면서 아무것도 모른다는 눈빛을 보냅니다.

어휘의 체계는 고유어, 한자어, 외래어로 나눌 수 있고, 어휘의 양상은 유행어, 지역 방언, 사회 방언, 금기어, 완곡어 등으로 나눌 수 있습니다. 이런 내용들은 초등학교 6학년 낱말의 분류에서 배운 것으로 중학교에 와서 조금 더 깊게 내용을 학습하게 됩니다. 단어의 의미 관계에 따라 유의어, 반의어, 상하 관계어도 있습니다.

본격적으로 단어의 갈래를 배우게 되면 학생들의 어려움은 한층 심해집니다. '품사의 개념을 알고 품사의 종류와 특성을 고려하여 단어를 올바르게 사용해야 한다'는 학습 본래의 취지를 알고 내용을 조금 살펴보겠습니다.

단어를 일정한 기준에 따라 분류한 갈래를 우리는 '품사'라고 합니다. 영어 공부를 할 때도 품사에 따라 어느 위치에 사용할 수 있는지 묻는 문제를 풀어 본 기억이 나실 겁니다. 품사는 형태, 기능, 의미를 기준으로 분류한 단어의 갈래입니다. 품사 지식을 알아서 어디에 써먹을 것인지 궁금해하는 학생에게는 이렇게 이야기해 주면 됩니다. 단어의 형태를 정확하게 표기하고 띄어 쓰는데 꼭 필요하다고 말입니다.

여기에서 품사를 정의하는 내용을 다루지는 않을 겁니다. 중1
은 문제집이나 자습서를 풀 필요가 없다고 말씀을 드렸지만 품사
단원은 문법의 기본에 해당하므로, 만약 이 부분을 이해하는 데
어려움이 있다면 EBS 중학 국어 무료 강의에서 품사 부분만 찾
아 듣게 해 주세요. 또는 유튜브에도 품사 설명 부분은 쉽게 찾을
수 있으니 확실하게 개념을 이해하고 다음 단원 학습을 하도록
해 주세요.

문무학 시인의 「품사 다시 읽기」라는 시는 우리 말 품사를 시로
표현한 것입니다. 국어학자 남영신 작가의 『시로 국어 공부: 문법
편』(마리북스)은 문제집이 아니라 시를 통해 문법을 공부할 수 있
게 한 책입니다. 탐구력을 키우는 문법 공부의 원래 취지를 살린
다면 시험에서 비교적 자유로운 중학교 1학년 때 읽어 보게 하는
것도 좋습니다. 모든 내용을 살펴보는 것보다는 품사를 이해하기
위한 부분과 문장 성분 부분을 읽어 보면 품사를 이해하는 데 도
움이 될 것입니다.

문학 영역
공부법

　　중학교 1학년 문학은 시 단원에서는 비유와 상징을, 소설에서는 갈등에 대해서 확실히 알아야 합니다. 비유와 상징, 갈등은 학년이 올라갈수록 개념이 심화되고 수능 시험까지 연결되는 아주 중요한 부분입니다.

　수능 시험과 연결 짓지 않더라도 우리는 살면서 비유와 상징으로 표현된 많은 작품을 만나고, 드라마나 영화, 소설의 재미를 위해 갈등이 극대화된 작품들을 접하게 되므로 꼭 알아 두어야 할 중요한 개념이 아닐 수 없습니다.

비유와 상징 개념 잡기

문학에서 가장 대표적으로 쓰이는 표현이 바로 비유와 상징입니다. 비유와 상징은 어떤 대상을 직접 가리키지 않고 다른 대상에 빗대어 표현한다는 공통점이 있지만, 표현하려는 대상을 나타내는 정도나 방법이 다릅니다.

비유는 책 제목, 광고, 대중가요 가사에서도 쉽게 찾아볼 수 있습니다. 직유법과 은유법은 초등학교 6학년 때도 〈비유적인 표현〉 단원에서 배웁니다. 참신한 표현을 하려면 비유를 잘 쓰면 됩니다.

상징은 말하고자 하는 의미를 그것을 연상하게 하는 사물이나 감각적인 말로 표현하는 방법입니다. 비둘기는 '평화를 상징한다'는 의미로 사용하는 것처럼 말입니다. 한용운 님의 시 「님의 침묵」에서 '님'의 의미는 사랑하는 사람일 수도 있고, 나라일 수도 있고, 절대자일 수도 있다고 배웁니다. 이것이 바로 상징이 사용되어 있는 겁니다.

비유와 상징은 시 단원에서 다루어지는데, 국어 교과서의 종류가 많기 때문에 배우는 시는 다양합니다. 그래서 국어 교과서 작품을 모은 책을 읽어 두면 개념을 확실히 이해할 수 있습니다. 또, 교과서에는 시조가 상징을 배우기에 적당해서 나오는 경우가 많습니다. 〈비유와 상징〉 단원은 '비유와 상징을 활용하여 광고 문구 만들기' 활동으로 마무리가 됩니다.

참신한 표현을 쓰기 위해서는 개인적인 노력도 필요합니다. 책을 읽다가 노래 가사에서 좋은 비유를 찾으면 따로 준비해 둔 공책에 적게 하는 것도 좋습니다.

갈등의 진행과 해결 과정

갈등은 인물 간의 생각이나 의견이 맞지 않아서 일어나는 충돌이나 인물과 환경 사이의 대립을 나타내는 말입니다. 소설의 경우는 이 갈등의 정서가 극대화된 경우가 많아서 교과서에 나오는 다양한 작품을 읽어 보는 것이 도움이 됩니다. 소설 속에서 갈등의 전개 과정은 다음과 같습니다. 갈등의 실마리가 제시되는 '발단', 갈등이 시작되는 '전개', 갈등이 심화되는 '위기', 갈등이 최고조에 달하는 '절정', 그리고 갈등이 해소되는 '결말'로 진행됩니다.

갈등의 진행과 해결 과정은 인간의 내면세계나 사고방식, 정서 등이 잘 드러난 작품들을 계속 읽으면서 파악할 수 있습니다. 작품에 드러난 갈등 구조를 파악하고, 이것을 해결해 나가는 모습을 통해 등장인물들의 가치관과 행동 등을 다각도에서 평가해 볼 수 있습니다.

제3장

중학교 2학년
국어 공부법

읽기 영역
공부법

다양한 설명 방법 파악하며 읽기

설명하는 글을 쓸 때는 다양한 설명 방법을 사용해서 대상을 표현합니다. 설명 방법에는 초등학교 5학년 때 배우는 '비교', '대조', '열거' 외에도 중학교에서 배우는 '정의', '예시', '분류', '분석', '구분', '인과' 등이 있습니다. 이것들은 고등학교에서 수능 시험까지 계속 이어지는 아주 중요한 개념입니다. 따라서 이 개념을 잘 파악하고 있으면 읽기를 바탕으로 하는 국어 지필평가에 항상 출제되는 설명 방법을 묻는 문제는 쉽게 해결할 수 있습니다. 뿐만 아니라 설명 방법을 활용한 글쓰기를 통해 수행평가까지도 잘 치를 수 있습니다. 정말 별을 몇 개를 주어도 아깝지 않은 중요 개념입니다. 다음 8개 개념은 자다가 잠꼬대를 할 정도로 외워두게 하면 좋습니다. 조금만 시간을 들여서 암기하면 읽기뿐 아니라 글쓰기를 할 때도 유용하게 쓰입니다.

◆ 설명 방법의 종류 ◆

종류	의미	예시
정의	설명 대상의 뜻을 명백하게 풀이하는 방법	사과는 쌍떡잎식물인 사과나무의 열매이다.
예시	구체적이고 친숙한 사례를 들어 설명하는 방법	사과에는 몸에 좋은 성분이 많다. 예를 들면 '펙틴' 성분은 우리 몸의 노폐물을 없애 준다.
비교	둘 이상의 대상에 대해 공통점이나 유사점을 중심으로 설명하는 방법	사과와 배는 많은 사람들이 좋아하는 과일이라는 공통점이 있다.
대조	둘 이상의 대상에 대해 차이점을 중심으로 설명하는 방법	사과는 산뜻한 맛이 나고, 배는 단 맛이 사과보다 더 느껴진다.
분류	대상을 일정한 기준에 따라 하위 항목을 상위 항목으로 묶어 설명하는 방법	부사, 홍옥, 아오리는 모두 사과의 종류이다.
분석	얽혀 있거나 복잡한 것을 세부적인 요소나 단계별로 나누어 설명하는 방법	사과는 껍질과 씨로 되어 있고, 껍질과 씨 사이에는 과육이 있다.
구분	일정한 기준에 따라 상위 항목을 하위 항목으로 나누어 설명하는 방법	사과는 수확하는 시기에 따라 조생종, 중생종, 만생종으로 나뉜다.
인과	어떤 사실이나 현상의 원인을 따져서 설명하는 방법	올해 사과 농사가 흉년인 이유는 비가 많이 왔기 때문이다.

– 금성출판사 〈국어 2-2〉, p.97

그래서 저는 이 단원을 가르칠 때 칠판 옆에 개념들을 적어두고, 수업 시작할 때와 끝날 때 외우게 합니다. 비문학 독해 지문이나 국어 교과서 일부분을 주고, 그곳에 쓰인 설명 방법을 묻는 문제는 지필평가에 단골로 출제됩니다. 설명문을 읽을 때 설명하는 방법을 파악하면서 읽으면 구조적으로 이해하게 되어서 핵심 내용을 쉽게 파악할 수 있기 때문입니다.

쓰기 영역
공부법

고쳐쓰기

설명 방법을 활용해 글을 쓰는 활동은 수행평가로 이어집니다. 설명하는 글은 객관적인 사실이나 개념을 알려 주는 글로, 정보를 독자가 이해하기 쉽게 풀어서 써야 하기 때문입니다. 설명하는 대상을 찾고, 개요를 작성한 다음, 적절한 설명 방법으로 대상을 알기 쉽게 풀이한 후 마무리하는 글을 씁니다. 고쳐쓰기 단계에서는 자신이 사용한 설명 방법이 대상을 설명하는 데 적절한지를 따져 봐야 합니다.

고쳐쓰기의 일반 원리는 '추가', '삭제', '대치', '재구성'이 있습니다. '추가'는 글에서 빠진 부분이나 더해야 하는 부분을 찾아서 보충하는 것이고, '삭제'는 불필요한 부분을 찾아 지우는 것이며, '대치'는 단어나 문장을 적절한 표현으로 바꾸는 것입니다. 마지막으로 '재구성'은 문장의 구성이나 전개 과정을 변화하여 주제를 효과적으로 표현하는 것입니다. 이 원리에 따라 글을 고칠 때는 아이가 다음과 같은 점검 항목을 보고, 자신의 글을 다듬어 보게 해 주세요.

점검 범위	점검 내용
전체	글 전체 수준에서 어색한 부분이 없는가?
문단	주제에서 벗어난 내용이나 자연스럽지 않은 문장은 없는가?
문장	문장의 문법성이나 표현이 어색하지 않은가?
단어	문맥에 어울리지 않는 단어는 없는가?
기타	참신한 발상이 드러나는 표현(속담, 관용 표현, 명언 등)을 넣을 곳은 없는가?

문법 영역
공부법

한글의 창제 원리 및 올바른 발음법

한글은 적은 수로 우리말을 잘 표현할 수 있고, 배우기도 쉬운 언어입니다. 하지만 〈올바른 발음법〉 단원에서 학생들은 내용을 암기해야 한다고 생각해서 무척 어려워합니다. 하지만 한글의 창제 원리와 연결해서 학습하면 쉽게 이해할 수 있고, 한글은 과학적인 문자라는 사실도 알게 됩니다.

이 단원을 학습할 때는 주의해야 할 점이 하나 있습니다. 사실 발음 부분은 중학교 3학년 때 배우는 음운의 체계와 특성에 대한 학습이 먼저 이루어져야 제대로 이해할 수 있습니다. 그런데 이 음운의 체계와 특성을 학생들이 너무나 어렵게 느끼기 때문에 교육과정이 바뀔 때 3학년 과정으로 이동이 되었습니다. 하지만 개인적으로는 학생들이 어렵다고 생각하더라도 음운의 체계와 특성을 2학년 때 배우고, 3학년 때 올바른 발음법을 학습하는 것이 맞다고 생각합니다.

〈올바른 발음법〉에서 표준 발음이나 한글 맞춤법의 원리에 대한 설명이 나오는데, 잘 이해가 되지 않는다면 음운의 체계와 특성을 온라인 강의나 유튜브 설명 등을 통해 먼저 듣고 이 부분을 공부해도 된다고 이야기해 주세요. 이 부분을 잘 학습해야 고등학교에서 배우는 음운 변동(비음화, 유음화, 된소리되기, 구개음화, 두음 법칙, 모음 탈락, 반모음 첨가, 거센소리되기)을 이해할 수 있습니다. 고등학교까지 연계되는 중요한 단원이니 잘 익혀 두어야 합니다.

우리말을 발음하고 쓰는 데는 규칙이 있습니다. 우리말을 발음하는 규칙은 '표준 발음법'이라고 하며, 우리말을 표기하는 규칙은 '한글 맞춤법'이라고 합니다. 그리고 이런 규칙들을 '어문 규정'이라고 합니다. 같은 단어를 사람마다 다르게 말하거나 다르게 쓰면 의사소통을 원활하게 할 수 없습니다. 그래서 우리는 이 규칙을 지키면서 언어 생활을 해야 합니다.

한글 맞춤법 강의를 들었던 일이 갑자기 생각나네요. 사극에서 아기에게 줄 '젖이[저지]' 나오지 않는다는 말을 배우가 '젖이

[저시]'라고 발음하길래 강의자가 시청자 게시판에 발음을 잘해야 한다고 글을 남긴 적이 있다고 이야기해 주셨습니다. 그리고 다음 방송을 보니 배우가 아주 정확하게 발음을 하더라며 시청자 의견의 순기능을 언급해 주셨던 것이 지금까지 기억에 남아 있습니다. 주점에서 새 잔을 달라는 이야기를 했더니 잔을 세 개 주었다는 이야기도 있고요. 발음을 정확히 해야 의사 전달을 확실하게 할 수 있습니다.

☑ 유네스코 세종대왕 문해상과 「킹 세종 더 그레이트」

유엔 산하의 유네스코(UNESCO)에서 제정한 세종대왕 문해상은 1989년 6월 한글 창제에 담긴 숭고한 세종대왕의 정신을 기리고, 전 세계에서 문맹을 퇴치하기 위하여 헌신하는 개인, 단체, 기관들의 노력을 격려하고 그 정신을 높이기 위해 제정되었습니다. 이 상의 이름이 '세종'인 것은 세종이 만든 한글이 배우기가 쉬워 문맹자를 없애는 글이라는 사실 때문일 겁니다.

『킹 세종 더 그레이트』(조 메노스키 저, 핏북)는 영어가 모국어인 작가가 영어로 쓴 세종대왕에 관한 소설입니다. BTS의 해외 팬들이 한글을 배우기 위해 노력하는 모습을 보면서 가슴이 뭉클했던 경험이 있습니다. 지금보다 더 한글이 유명해지고, 많은 사람들이 한글을 즐겨 쓰게 되기를 국어 교사의 한 사람으로 바랍니다.

사실 수능 국어 영역 중 '언어와 매체(문법)' 영역을 선택하면 장점이 많습니다. 수험생들이 어렵다고 생각하지만, 기본을 확실하게 정리하면 오답도 적고 시간도 벌 수 있어서 다른 긴 지문을 독해할 때 유리합니다. 그러므로 문법은 어렵다는 선입견을 버리고, 중학교 때부터 기초를 차근차근 쌓아 올리기 바랍니다.

문학 영역
공부법

화자·서술자에 주목하며 읽기

시에서 말하는 이를 '화자(話者)'라고 합니다. 시인은 자신의 목소리로 말하기도 하고, 다른 사람이나 사물의 목소리를 빌려 말하기도 합니다. 말하는 이를 파악하는 것이 중요한 이유는 시의 주제와 분위기가 달라지기 때문입니다. 화자의 나이나 성별, 직업 등을 짐작해 보고 어떤 상황에 처해 있는지 살펴봅니다. 그리고 그 상황에서 화자가 어떤 태도를 갖고 있는지 파악하면 화자가 전달하려는 감정이나 정서를 찾을 수 있습니다. 화자의 말투나 말에서 느껴지는 분위기나 느낌을 이야기하는 어조를 파악하는 것 역시 시를 이해하는데 중요합니다.

소설을 읽을 때는 작품 속의 세계를 바라보는 이가 누구인지 파악해야 합니다. 이를 '서술자'라고 합니다. 작품 속에 '나'가 등장하면서 주인공이면 '1인칭 주인공 시점', '나'가 주변 인물을 관찰하면 '1인칭 관찰자 시점'이라고 합니다. 다른 사람들이 겪는 일을 객관적으로 보면 '3인칭 관찰자 시점', 인물들의 심리와 사건의 전말을 모두 알고 있으면 '전지적 작가 시점'이라고 합니다.

시점의 종류	의미
1인칭 주인공 시점	작품 속에 있으면서 주인공인 '나'가 자기 이야기를 함
1인칭 관찰자 시점	작품 속에 있는 주변인인 '나'가 주인공을 관찰하여 이야기함
3인칭 관찰자 시점	작품 밖에 있는 관찰자가 객관적으로 관찰한 내용만을 서술함
전지적 작가 시점	작품 밖에서 사건을 서술하는데 모든 것을 알고 있음

교과서에는 이런 용어들이 직접적으로 나오지는 않지만 문제집이나 교사가 작품에 대한 이야기를 할 때는 안내하는 단어이니 알고 있어야 합니다. 소설을 읽으면서 서술자의 시점에 따라 소설의 분위기와 주제가 어떻게 달라지는지 파악하는 것이 중요합니다. 다른 중학교 교과서에 수록된 소설이나 고전소설도 서술자의 특징을 파악하며 읽어 두면 좋습니다.

제4장

중학교 3학년
국어 공부법

읽기·쓰기 영역
공부법

다양한 논증 방법 파악하며 읽기

주장하는 글을 논설문이라고 합니다. 논설문은 글쓴이의 주장이나 결론이 타당한지 따져가며 읽어야 합니다. 주장하는 글이나 설명하는 글에서 쓴 논증 방법을 이해하고, 논증 방법을 중심으로 글의 구조를 파악하는 활동을 수업 시간에 합니다. 그런 다음에 타당한 근거를 들어 주장하는 글을 직접 써 봅니다.

논증은 어떤 주장이나 결론을 뒷받침하는 이유나 증거들을 밝히는 방법으로, 흔히 '귀납'과 '연역'을 떠올립니다. '귀납'은 특수한 사례를 검토한 후, 결론으로 일반적인 원리나 진리를 끌어내는 방법입니다. 일반화, 유추도 귀납에 속합니다. '연역'은 일반적인 원리나 진리를 전제로 하여 특수한 사실을 결론으로 도출하는 방법입니다. 삼단 논법'B가 C이고, A가 B이면 A는 C이다'가 되는 논법이 대표적입니다.

논증 방법은 주장과 결론, 이를 뒷받침하는 근거를 찾기 위해 꼭 이해하고 넘어가야 하는 부분입니다. 주장을 뒷받침하는 근거가 사실이고, 주장과 관련이 있는지 판단하고, 주장과 결론으로 가는 과정이 논리적인지 판단하며 읽다 보면 비판적 읽기 능력을 키울 수 있습니다.

주장하는 내용에 맞게 타당한 근거를 들어 쓰기

논설문은 글쓴이의 의견이나 주장으로 독자의 신념, 태도, 행동을 변화시키기 위한 목적으로 쓴 글을 말합니다. 이런 글을 잘 쓰기 위해서는 타당한 근거를 들어 자신의 주장을 펼쳐야 합니다. 근거는 객관적이고 정확한 사실을 바탕으로 하면서 주장과 밀접한 관련성이 있어야 합니다.

설득력 있는 글을 쓰기 위해서는 세 가지 요건을 갖춰야 합니다. 첫째, 주장은 분명하고 실현 가능하며 유익해야 합니다. 둘째, 주장을 뒷받침하기 위해 근거가 있어야 합니다. 마지막으로 근거는 객관적이고 정확한 사실을 바탕으로 해야 합니다.

이런 글을 학생들이 잘 쓰기 위해서는 좋은 글을 많이 읽어 보게 하는 것이 필요합니다. 그렇다면 그런 글들은 어디에 있을까요? 바로 신문 칼럼에 해답이 있습니다. 적당한 신문 칼럼 찾기가 어렵다면 한국언론진흥재단에서 운영하는 포미(enie.forme.or.kr)에도 좋은 자료가 많습니다.

문법 영역
공부법

음운 체계, 문장 성분 및 문장의 구분

'음운'이란 말의 뜻을 구별하여 주는 소리의 가장 작은 단위입니다. 2학년 때 배운 한글의 창제 원리와 한글의 특성을 떠올리면서 공부하면 좋습니다. 제가 대학생 때 음운의 개념을 배웠던 게 기억납니다. 음운이 무엇이냐는 질문에 한 학생이 '사람이 내는 소리'라고 대답하자 교수님이 교탁을 손으로 내리치면서 이것도 음운이냐고 물었던 장면이 생생하게 떠오르네요. 발음 기관으로 내는 소리여야 음운이 될 수 있습니다. 사실 음운 체계는 원리를 이해하고 나면 어렵지 않은데, 학생들이 원리를 이해하는 데 너무나 어려움을 겪어서 그냥 외우라고 하는 경우도 많습니다.

인터넷에 이 음운체계표를 쉽게 외우는 방법들이 여러 가지 소개되어 있지만, 한글은 과학적인 원리로 만든 글자라고 말씀드렸죠? 그래서 저는 자음체계표를 여러 개 그려서 칸에 조음 위치, 조음 방법을 적으면서 이해하는 방법을 아이들에게 꼭 해 보게 하실 것을 추천합니다.

조음 위치 조음 방법		입술 소리	잇몸 소리	센입천장 소리	여린입천장 소리	목청 소리
파열음	예사소리	ㅂ	ㄷ		ㄱ	
	된소리	ㅃ	ㄸ		ㄲ	
	거센소리	ㅍ	ㅌ		ㅋ	
파찰음	예사소리			ㅈ		
	된소리			ㅉ		
	거센소리			ㅊ		
마찰음	예사소리		ㅅ			
	된소리		ㅆ			ㅎ
	거센소리					
비음		ㅁ	ㄴ		ㅇ	
유음			ㄹ			

모음체계표도 알아야 합니다. 모음은 혀의 최고점의 위치에 따라 전설 모음과 후설 모음으로 나눕니다. 입술이 평평하면 평순 모음, 동그랗게 되면 원순 모음이라고 합니다. 혀의 높낮이에 따

라 고모음, 중모음, 저모음으로 구분합니다. 한자어로 되어 있어서 아이들이 어렵게 느끼는데, 뜻을 설명해 주면 더 쉽게 이해합니다.

모음체계표도 빈 표를 여러 개 그려서 스스로 채워 적어 보게 하면 좋습니다. 특히 우리가 현재 변별이 안 되는 단모음들도 있기 때문에 학습을 하는 데 어렵다고 하는 경우가 있습니다. 'ㅔ, ㅐ', 'ㅚ, ㅟ'는 발음으로 구분하기 어렵습니다. 하지만 이들도 단모음 체계 안에서 이해할 수 있어야 합니다.

혀의 최고점의 위치 / 혀의 높낮이 \ 입술의 모양	전설 모음		후설 모음	
	평순 모음	원순 모음	평순 모음	원순 모음
고모음	ㅣ	ㅟ	ㅡ	ㅜ
중모음	ㅔ	ㅚ	ㅓ	ㅗ
저모음	ㅐ		ㅏ	

음운의 체계를 외우면서 국어 공부의 어려움을 맛본 학생들은 이어지는 〈문장의 짜임과 양상〉 단원을 배우면서 '이런 거 몰라도 의사소통 잘하면서 살았다'고 항변하기 시작합니다. 그런데 문법 체계를 이미 터득했는데 왜 문장의 짜임과 양상을 이해하기 어렵다고 할까요? 바로 원리 이해 없이 단순 암기를 했기 때문입니다.

계속 이야기하지만 무작정 외우려고 하지 말고 원리를 이해해야 합니다.

국어의 문장은 짜임에 따라 '홑문장'과 '겹문장'으로 나눌 수 있습니다. '홑문장'은 주어와 서술어가 한 번만 나타나는 문장입니다. '겹문장'은 주어와 서술어의 관계가 두 번 이상 나타나는 문장입니다. 겹문장은 다시 '이어진문장'과 '안은문장'으로 나눌 수 있습니다. 둘 이상의 문장이 연결 어미를 통해 결합한 문장을 '이어진문장'이라고 합니다. 문장 속에 안겨 문장 성분처럼 기능하는 안긴문장을 포함한 문장을 '안은문장'이라고 합니다.

이 부분을 읽기만 해도 국어가 어렵다는 학생들의 목소리가 들립니다. 사실 학생들이 배울 때는 선생님이 친절하게 예를 들어 주십니다. 문장의 주성분은 문장의 뼈대를 구성하는 성분입니다. 주어, 목적어, 서술어, 보어가 있습니다. 부속 성분은 꾸며 주는 역할을 하는 성분입니다. 관형어, 부사어가 여기에 속합니다. 문장의 성분을 설명하는 개념들은 고등학교에서 배울 때도 계속 연결이 되기 때문에 개념들을 외우게 하는 것이 좋습니다.

문학 영역
공부법

작품이 창작된 사회 · 문화적 배경 이해하기

작가는 자신이 살고 있는 사회와 문화의 영향을 받고 그것을 작품에 녹여 냅니다. 그래서 작품의 내용과 배경이 되는 사회를 들여다보면 작가가 작품을 통해 무엇을 이야기하려고 하는지 이해할 수 있습니다. 「홍길동전」을 이해하기 위해서는 작품의 무대가 되는 공간이나 제시된 소재 등을 살펴봐야 합니다. 또, 작품에 등장하는 인물의 말과 행동도 봐야 합니다. 홍판서를 아버지라고 부르지 못하는 홍길동과 아버지의 관계를 통해 작품의 배경도 짐작할 수 있습니다.

2학년 때는 시에서 말하는 화자, 소설에서 작품 속 세계를 바라보는 서술자의 역할을 배웠습니다. 2학년에서 배운 내용도 시험에 출제되기 때문에 문학작품이 나오면 기본적으로 시에서는 화자, 소설에서는 서술자를 파악하는 것이 필요합니다. 3학년 때는 추가로 작품이 창작된 사회와 문화적 배경을 이해하는 것이 중요합니다. 조선 시대에 창작된 「박씨전」을 배운다면 교과서에 나온 설명 외에도 역사 시간에 배운 그 당시에 관한 배경지식을 끌어와 작품을 이해하는 데 사용할 수 있어야 합니다.

고전문학 작품은 중학교 교과서에 나오는 작품이 한정적입니다. 따라서 상대적으로 시간 여유가 있는 방학을 이용해서 아이들이 더 많은 고전문학을 읽게 해 주시면 좋습니다.

한 학기 한 권 읽기

책을 많이 읽는 것도 중요하지만, 천천히 깊게 읽는 것도 훌륭한 국어 공부 방법입니다. '슬로 리딩'은 하시모토 다케시가 쓴 『슬로 리딩』(조선북스)이라는 책에 나오는 말입니다. 한 권의 책을 심도 있게 이해하고, 확장시켜 공부하는 방법입니다.

많은 양을 읽는 독서가 아니라 질적 독서로의 전환이고, 이것이 2015 개정 교육과정에서 '한 학기 한 권 읽기'가 되어 들어왔습니다. '한 학기 한 권 읽기'는 '읽기-생각 나누기-표현하기'의 3단계로 구성됩니다. 이는 '독서-토론-논술'의 흐름과 일치합니다. 학교에서 한 학기 한 권 읽기는 어떤 식으로 진행될까요? 방금 '읽기-생각 나누기-표현하기' 3단계로 구성된다고 했는데요, 꼭 이런 절차를 지켜야 하는 것은 아닙니다. 읽기 전에 생각을 나눌 수도 있고, 읽고 표현하기를 진행한 뒤에 생각을 나누고 마무리를 할 수도 있습니다.

그럼, 읽기 단계부터 살펴볼까요? 읽기는 '읽기 전 활동-읽기 중 활동-읽기 후 활동'으로 진행합니다. 읽기 전 활동은 작품에 대한 흥미를 일으키고, 배경지식을 활성화합니다. 제목과 표지를 보고 내용을 예측하고, 글쓴이가 어떤 사람인지, 책과 관련해 경험한 것을 떠올려 보고, 목차를 살펴보면 좋습니다. 읽기 중 활동에서는 직접 학생들이 의미를 구성하면서 읽어 갑니다. 훑어 읽기, 책 읽어주기, 학생끼리 읽기, 교사와 학생이 번갈아 읽기, 내용 파악하기, 내용 요약하기, 질문하기, 추측하며 읽기 등을 통해 의미를 구성합니다. 읽기 후 활동은 내용에 대해 대화하기, 주제를 통해서 토론하기, 감상을 다양한 매체로 표현하는 과정입니다. 읽기 후 활동은 읽은 내용을 확장시킵니다.

다음은 생각 나누기입니다. 주로 대화와 토의 활동을 이야기합니다. 독서 토론으로 알고 있지만 여기에서 토론은 비경쟁 토론입니다. 주제에 대하여 생각이 서로 다른 사람들끼리 의견을 주고받으면서 의견을 수렴하거나 보다 나은 판단을 얻기 위한 과정입니다. 의미 있는 토론을 위해 공동의 주제를 좀 더 생각하고 탐구해 보고 싶은 것으로 정하는 것이 좋습니다. 이렇게 정한 주제는 토론 전에 글로 써 보는 것이 좋은데, 논제에 대해 생각을 해야 토론을 잘할 수 있기 때문입니다. 논리적으로 말하는 것이 어려운 학생들도 미리 써 보면 토론에서 자신의 의견을 이야기할 수 있습니다. 토론할 때는 교사가 책에 맞게 다양한 토론 기법을 활용하여 진행합니다.

마지막은 표현하기 단계입니다. 독서 감상문, 일기, 만화, 그림, 포스터, 역할극, 동영상, 뒷이야기 상상하기, 관점 바꾸어 쓰기 등으로 자신의 생각을 표현하는 것으로, 자신이 읽고 생각한 것을 정리하고 재구성할 수 있습니다.

제5장

수능대비
국어 공부법

수능 국어가
어려운 이유

　　수능 국어에서 점수를 얻기 어려운 이유는 내신과 달리 무엇이 나올지 알 수 없기 때문입니다. 수학은 대체로 공부한 범위에서 출제가 됩니다. 수학을 틀리는 건 '몰라서' 아니면 '공부를 하지 않았기 때문'입니다. 하지만 국어는 다릅니다. 국어는 다양한 문학작품을 공부해도 공부한 게 나올 가능성이 적습니다. EBS 수능 연계교재를 공부하더라도 이것이 수능에 그대로 나오는 건 아니며, 특히 고난도 문제는 연계되지 않는 경우가 많습니다.

　　실제로 수능 국어는 평소 모의고사 성적과 가장 차이가 크게 나는 과목입니다. 평소에 모의고사 1등급이 나오던 학생들도 수능 고사장에 가면 국어가 1교시라서 긴장감이 다른 과목 시험과는 비교할 수 없다고 합니다. 그러다 보니 평소라면 충분히 풀 수 있는 문제도 시간 분배를 잘못해서 실력 발휘를 못하는 일도 생깁니다. 그 외에도 문제 하나가 막혀서 곤란한 경우를 겪기도 합니다. 다른 문제를 먼저 풀어야 한다는 걸 알면서도 그 문제에 시간을 엄청나게 뺏기고, 긴가민가한 문제를 고쳐서 4개를 연달아 틀린 학생도 있었다고 합니다. 최상위권 학생이 4문제를 틀린다면 수능에서 엄청난 타격을 받을 수밖에 없습니다.

"어떻게 하면 국어 공부를 잘할 수 있어?"

아침을 먹으려던 남편에게 물었습니다.

"수능 국어 말하는 거야?"

남편이 저에게 다시 묻습니다. 저는 고개를 끄덕였습니다.

저는 중학교에서 국어를 가르치고, 남편은 고등학교에서 국어를 가르칩니다. 고등 국어에서 어떤 내용을 가르치고 있는지는 알지만, 학생들의 구체적인 이야기가 궁금해서 남편과 인터뷰를 시작했습니다. 지금부터 다룰 내용은 현직 중학교 국어 교사와 현직 고등학교 국어 교사의 전격 인터뷰를 정리한 '수능 시험에서 국어 성적 잘 나오는 법'입니다.

수능 국어
공통·선택과목 알기

　　고등학교 1학년은 공통교육과정이고, 2~3학년
은 선택 중심 교육과정입니다. 고등학교 2~3학년 때 선택 중심
으로 배운 내용 중 선택하여 수능에서 시험을 보게 됩니다. 수능
에서는 국어 교육과정에서 다루었던 다섯 하위 영역을 다룹니다.
듣기·말하기 영역이 '화법', 읽기 영역은 '독서', 쓰기 영역은 '작
문', 문법 영역은 매체 관련 내용을 추가해서 '언어와 매체', 문학
영역은 '문학'이라는 이름으로 고등 국어에서 다루며, 듣기·말하
기 영역과 쓰기 영역을 묶어서 '화법과 작문'이라는 과목으로 다
룹니다.

　　고등학교 과정은 내신과 수능 공부를 병행하기 때문에 독서 시

간을 확보하기 어렵습니다. 그래서 비문학 지문에 생소한 내용이 나오면 학생들이 어려워합니다. 특히 고등학교 1학년 문법 부분을 보면 중세 국어와 현대 국어를 접하는 많은 학생들이 어려움을 호소합니다.

수능 시험에서 다루는 공통과목은 '독서'와 '문학'이고, 선택과목은 2학년 때 배웁니다. 2022학년도 수능부터 국어에도 선택과목이 도입되었습니다. 수능 시험 선택과목은 '언어와 매체' 그리고 '화법과 작문'입니다. 화법과 작문은 듣기·말하기 영역과 쓰기 영역을 심화·확장한 과목입니다. 다양한 주제와 유형의 담화, 글을 바탕으로 해 의미를 구성하고 효과적으로 소통하는 능력을 기를 수 있는 과목입니다. 언어와 매체는 음성 언어와 문자 언어, 매체 언어 등 실제 생활에서 접할 수 있는 언어의 본질을 이해하고 실제 의사소통에 활용하는 능력과 태도를 기를 수 있는 과목입니다. 이 중에서 한 과목을 수험생들이 선택합니다.

어떤 과목을 선택하는 것이 자신에게 유리한지 수험생 입장에서는 따져 볼 수밖에 없습니다. 언어와 매체 응시자들의 표준점수 최고점은 149점, 화법과 작문은 147점으로 2점 차이가 났습니다. 이런 차이가 나는 이유는 선택과목별 수험생 공통과목의 평균이 표준점수에 반영되기 때문입니다. 따라서 상위권 학생들이 많이 응시한 언어와 매체의 평균이 화법과 작문보다 높아 표준점수가 상대적으로 높은 것입니다.

그럼 '화법과 작문을 선택하는 것이 유리할까요?'라고 질문할 수도 있겠네요. 선택과목에 대해 전문가들은 뭐라고 조언할까요? 일단은 둘 다 공부해 보면서 자신이 잘할 수 있는 과목을 선택하는 것이 중요하다고 말합니다.

여기에서는 간단하게 국어과 교육과정에 있는 내용 중에서 공통과목과 선택과목의 성취기준을 살펴보도록 하겠습니다. 성취기준은 학생들이 교과를 통해 배워야 할 내용과 이를 통해 수업 후 할 수 있거나 할 수 있기를 기대하는 능력을 결합하여 나타낸 수업 활동의 기준입니다.

'언어와 매체'는 초·중·고 공통 '국어'의 문법 영역과 매체 관련 내용을 심화·확장한 과목입니다. 음성 언어·문자 언어·매체 언어의 본질을 이해하고 탐구하며 이를 실제 의사소통에 통합적으로 활용하는 능력과 태도를 기르는 데 목적이 있습니다.

'문학'은 초·중·고 공통 '국어'의 문학 영역을 심화·확장한 과목입니다. 다양한 문학 경험과 활동을 통해 작품을 수용·생산하는 능력을 기르고 문학에 관한 소양과 태도를 함양하여 문학 문화를 향유하고 발전시키는 데 목적이 있습니다.

'화법과 작문'은 초·중·고 공통 '국어'의 듣기·말하기 영역과 쓰기 영역을 심화·확장한 과목입니다. 다양한 주제 및 유형의 담화와 글을 수용·생산하는 활동을 통해 능동적이고 효과적으로 소통하는 능력을 기르고 바람직한 의사소통의 태도를 함양하는 데 목적이 있습니다.

'독서'는 초·중·고 공통 '국어'의 읽기 영역을 심화·확장한 과목으로, 이제까지 쌓아 온 독서 능력과 독서 태도를 바탕으로 하여 다양한 주제와 유형의 글을 폭넓게 읽어 삶을 풍부하게 하는 데 목적이 있습니다.

진학한 학교에 맞는
국어 공부 필요

11월 중순이면 중3 2차 지필평가가 마무리됩니다. 12월에 후기 고등학교 원서 접수가 시작되기 때문입니다. 10월에는 전기고등학교 원서 접수를 하는데, 전기고, 후기고란 용어가 낯선 학부모들을 위해 간단하게 소개해 드리자면, 전기고와 후기고는 고등학교 선택을 할 때의 선발 시기를 기준으로 나눈 것입니다. 전기고는 보통 10월에서 12월이 접수 기간이며, 특목고, 영재학교, 특성화고 등이 이에 해당합니다. 또한, 일반고 중 예체능계 고등학교는 전기고에 포함됩니다. 특목고는 특수 분야 전문 교육을 목적으로 설립된 학교들로, 체육고, 예술고, 과학고, 마이스터고가 여기에 포함됩니다. 후기고는 보통 12월에서 1월이 접수 기간이며 외고, 자율형 공립고, 자율형 사립고, 국제고, 일반고가 있습니다.

구분	접수 시기	학교
전기	10~12월	특목고(과학고, 예술고, 체육고, 마이스터고), 영재학교, 특성화고, 일반고 중 예·체능계, 일반고에 설치한 학과 중 교육감이 정하는 학과
후기	12~1월	외고, 국제고, 자율형 공립고, 자율형 사립고, 일반고

중3 기말고사가 끝나면 학교에서는 다양한 활동을 하면서 학기를 마무리합니다. 학생들은 학교마다 전형 방법이 달라서 예비 소집일에 참여하기도 하고 원서 작성을 위한 자기소개서 쓰기도 합니다. 이때부터 다음 해 3월이 되기 전까지 3개월은 중학교에서 배운 내용을 정리하고, 부족한 부분은 보충할 수 있는 아주 좋은 시기입니다.

고1 3월에 실시하는 전국연합학력평가는 학년 전체가 보는 시험이기 때문에 아이의 위치를 확인할 수 있습니다. EBSi 홈페이지에서 기출문제를 클릭한 후 고1 3월 학평 문제를 선택하면 쉽게 다운받을 수 있으니 꼭 풀어 보게 하세요. 화면으로 문제를 푸는 것이 어렵다면 기출문제집을 구입해도 좋습니다. 3월에 보는 시험은 중학교 전체에 해당하는 내용이기 때문에 미리 풀어 보면 큰 도움이 됩니다. 아이에게 부족한 영역은 3개월의 시간을 활용해서 보충하면 됩니다. 특히 중요한 문학작품이나 배경지식이 부족하다고 느끼는 비문학 제재의 책을 읽으면 도움이 됩니다.

고등학교는 상대평가로 등급을 내야 하기 때문에 절대평가인 중학교 때와 달리 시험문제가 어렵게 출제되는 경우가 많습니다. 중학교 때 국어 성적이 좋았던 학생들도 고등학교에 가서 국어가 너무 어려워져 깜짝 놀라는 경우를 흔히 볼 수 있습니다.

따라서 고등학교에 진학하게 되면 중학교 때까지의 국어 성적은 잊고, 진학한 학교에 맞춰 학교별 내신 대비를 해야 합니다. 고등학교마다 국어 교과서 출판사가 다릅니다. 진학한 학교의 기출문제는 기출문제를 공유하는 사이트도 있고, 학교 홈페이지에서도 일정한 기간 동안 기출문제를 열람할 수 있도록 해서 쉽게 구할 수 있으니 시험 전에 미리 풀어보면 도움이 됩니다. 교과서 목록도 학교 홈페이지에 공지되어 있습니다. 없다면 학교에 연락해서 교과서 목록을 올려 달라고 해도 됩니다. 지필평가나 수행평가 비율을 알고 싶다면 '학교알리미(schoolinfo.go.kr/Main.do)'에 접속해서 확인하면 됩니다.

'학교알리미' 사이트에 들어가면 '전국학교정보-학교별 공시정보'에서 각 학교를 검색해 볼 수 있습니다. 학교명을 누르고 선택 모아보기 항목에서 교육활동 탭을 누르면 학교교육과정, 자유학기제 운영, 교과별 교과진도 운영계획 등을 확인할 수 있습니다. 학업성취사항을 누르면 교과별 평가계획에 관한 사항, 교과별 학업성취 사항 등을 확인할 수 있습니다.

또 하나 좋은 사이트도 있습니다. '나이스 대국민서비스(homedu. gne.go.kr/pas_mms_nv99_001.do)'를 접속해 '학부모 서비스'를 누르면 우리 아이의 생활기록부 내용을 볼 수 있습니다. 서비스를 이용하려면 담임 교사의 승인이 필요한데, 이런 내용은 학기 초에 학교에서 안내를 하니 그때 맞춰서 신청하시면 됩니다.

수능 국어는
독서와 문학에서 결정

　　　　　수능 국어에서 점수를 올리기 가장 어려운 것
은 어느 분야일까? 바로 독서 지문입니다. 과거에는 비문학이라
고도 했지요. 특히 난이도 높은 수능 독서 지문은 매년 화제가 됩
니다. "경제 지문은 한국은행 직원도 못 풀더라", "물리학 지문이
나와서 과학 문제인지 국어 문제인지 모르겠다" 등 뉴스에도 등
장합니다. 남편이 매년 수능 감독을 가는데요, 1교시에 학생들의
한숨 소리가 푹푹 들리면 올해 국어 체감 난이도가 높다는 걸 금
세 알 수 있다고 합니다.

　수능 국어는 대학 교육을 받을 수 있는 언어능력과 사고력을
측정하는 시험입니다. 고등학교 현장에 있는 남편은 수능 국어에

서 좋은 점수를 얻기 위해서는 다양한 잡학 지식이 꼭 있어야 한다고 말합니다. 문학작품도 작가나 시대를 알면 훨씬 이해가 쉽고, 문제도 보다 정확하게 풀 수 있다고 합니다. 또 독서 지문도 배경지식이 있으면 훨씬 편하게 문제를 풀 수 있다네요. 특히 금리나 채권 같은 경제 지식이 있으면 지문 내용을 다 읽지 않아도 풀 수 있는 경우가 많다고 합니다. 또한, 글을 읽을 때도 어휘의 뜻이나 사자성어 등은 당연히 알고 있어야 하고요.

사실 독서 문제는 책을 많이 읽었더라도 정해진 시간 안에 매력적인 오답을 피해서 정답을 찾으려면 훈련이 되어 있어야 합니다. 시험을 풀기에 적당한 몸 만들기가 필요한 이유입니다. 고등학교 2, 3학년의 경우 비문학은 기출 문제 중심으로 공부하는 경우가 많습니다. 실제 문제 유형을 파악해야 몸 만들기가 되기 때문이죠. 다양한 지문을 읽으면서 배경지식이 부족하다는 생각이 드는 부분은 추가 독서로 대비해야 합니다.

중학생이나 고등학교 1학년은 수준에 맞는 책을 읽으면 좋습니다. 한국언론진흥재단에서 하는 신문일기 쓰기도 추천합니다. 인터넷 기사를 보고 느낌을 쓰는 것으로, 이때 어휘 공부도 같이 하면 좋습니다. 비문학 독해의 갈피를 못 잡는 친구들에게는 『매3비』(안인숙 저, 키출판사), 『국어의 기술』(이해황 저, 좋은책신사고)같이 기출문제를 바탕으로 독해 기술을 알려주는 참고서가 도움이 될 겁니다.

고전문학은 공부를 하면 점수가 팍 오르는 기쁨을 만끽할 수 있는 부분으로 자주 나오는 단어를 정리해서 공부하면 도움이 됩니다. 갈래, 작가의 특징을 꼭 기억하면 좋습니다.

현대문학은 EBS 연계율이 높은 편입니다. 문학은 『EBS 수능특강』, 『EBS 수능완성』 교재에서 연계해 출제하는 비율이 높거든요. 하지만 본 적 없는 작품으로 수험생을 당황하게 하는 부분도 있습니다. 개념 강의는 『윤혜정의 개념의 나비효과』(한국교육방송공사)로 시작하면 문학의 기초를 잡는 데 도움이 됩니다. 현대문학도 시기와 작가별 특징을 파악해 두면 좋습니다.

현대문학은 주요 작가와 작품만 해도 수험생이 학습해야 할 분량이 많습니다. 그러므로 1학년 때부터 문학작품을 많이 보고 공부해야 합니다. 틈틈이 유튜브 채널 〈10분의 문학〉을 검색해서 밥을 먹는 시간에 문학 작품 설명을 들어 보게 하시는 것도 추천합니다. 짧은 시간에 작품 줄거리를 이해하는 데 큰 도움을 받을 수 있습니다. 〈10분의 문학〉은 EBS 연계교재 내용을 레몬 캐릭터 그림을 활용해 문학에 대한 흥미를 유발시켜 재미있게 들을 수 있습니다. 이때 아이가 자기만의 문학 공책을 따로 만들기보다는 잘 정리된 시중 교재가 많으니 교재를 하나 골라서 내용을 추가로 적게 하는 것을 권합니다.

글의 내용보다
구조 먼저 파악

독해를 잘하기 위해서는 글의 내용을 잘 이해해야 합니다. 너무 당연한 이야기인가요? 그런데 글의 내용을 잘 이해하기 위해서는 글을 무작정 읽어 나갈 것이 아니라 먼저 글의 구조를 파악하는 것이 중요합니다. 첫 문단은 글의 의도와 방향을 보여 주기에 중요합니다. 마지막 문단도 전망, 필요성 등을 보여주면서 글의 핵심과 관련이 많아 문제와 연결될 가능성이 높습니다.

2022학년도 수능 국어 영역 독서 영역을 살펴볼까요? 정보가 많은 긴 지문은 점점 사라지고, 지문이 짧아지면서 설명이 불충분합니다. 몇 단계 사고를 해야 풀 수 있는 답이 많아지고, 지문과 관련해 배경지식이 있어야 독해를 정확하게 할 수 있는 변화가 나타납니다. 이런 변화에 대비하기 위해서 수험생들은 문장 단위 독해를 정확하게 하는 훈련을 해야 합니다. 반복적인 기출문제 풀이는 한계가 있기 때문에 시간을 투자해서 독해 지문을 많이 읽어야 합니다.

　제시된 지문이 어떤 유형에 속하는지를 파악하는 것도 독해에 큰 도움이 됩니다. 유해송의『국어의 시작 독해지능』(반니)에서는 영역별 지문 유형을 다음과 같이 구분하여 제시하고 있습니다.

　'인문 지문'은 개념 제시형과 관점 제시형, 관점 비교형, 유형 제시형이 있습니다. 인문 지문은 여러 유형이 복합적으로 나오는 경우가 많습니다.

　'사회 지문'은 개념 제시형, 이론 제시형, 과정 제시형, 유형 제시형, 문제 제기형이 있습니다. 최근에는 법률 조항이나 원칙을 제시하며 그것의 해석을 요구하는 이론 제시형이 주로 출제됩니다. 문제를 제기하며 해결 방안을 알아보는 문제 제기형 지문은 거의 출제되지 않고 있습니다.

　'과학 지문'은 이론 제시형, 과정 제시형, 이론 정립형, 유형 제시형이 있습니다. 과학 지문은 첫 문단에서 의문을 제기하거나 현상의 발생을 시작해 이를 설명하기 위한 개념을 제시합니다. 2~3번째 문단에서는 과학의 원리, 예시, 가설, 원인, 한계, 전제,

입증 등을 소주제로 다루고 이론을 제시하거나 과정을 설명하는 유형이 많이 출제되고, 마지막 문단에서는 이론의 정립, 기여, 의의, 가치, 적용 등에 대해 설명합니다.

'기술 지문'은 원리 제시형, 유형 제시형이 있습니다. 독서 지문 중에서 전개 방식이 가장 단순하다고 할 수 있지요. 제품이나 기술의 구조와 기능을 시작해 작동 원리나 과정을 설명하는 원리 제시형 지문이 대부분입니다. 지문의 중간 부분에 나오는 과정이나 원리를 다루는 문단이 길고 어려운 편에 속합니다. 기술 지문도 과학 지문과 마찬가지로 마지막 문단이 생략되는 일이 많습니다.

'예술 지문'은 표현기법 제시형, 경향 제시형, 이론 제시형이 있습니다. 예술 지문 중 미학 이론을 다루는 것은 철학 지문과 유사해 어려운 편에 속합니다.

독서가 독해력의 기본이자
진짜 실력을 만든다

2022 대학수학능력시험 국어 독서 영역을 살펴볼까요? 독서는 인문학, 사회, 과학, 예술, 기술 등 여러 분야를 다룹니다. 수험생들이 풀기 힘들어 한 '헤겔의 미학', '트리핀 딜레마', '자동차 운행 보조 카메라' 지문이 모두 독서 영역이었습니다.

국어 교사도 어려움이 있습니다. 전공 영역도 아닌데 광범위한 분야의 자료를 준비해서 배경지식과 독해 방법까지 가르치는 게 보통 일이 아닙니다. 이전 세대에 비해 문해력이 떨어지고 코로나 확산에 따라 학력 저하 우려가 큰 것도 학생들이 독서 영역을 어려워하는 또 하나의 원인으로 지목됩니다. 게다가 학교에서는 독서 수업이 제대로 이뤄지지 못합니다. 가르칠 것이 명확한 '문학', '언어와 매체' 같은 과목에 비해 독서는 문제풀이만 반복하다 보니 수험생들이 국어 영역을 어렵게 느낄 수밖에 없습니다. 수험생들 사이에서는 법학적성시험(LEET) 문제를 풀어야 하는 거 아니냐는 볼멘소리까지 나옵니다. 한계를 알 수 없이 배경지식을 쌓아야 하기 때문이죠.

글 읽는 연습이 부족한 '유튜브 세대' 학생들에게 국어를 가르치는 것은 쉽지 않습니다. 기출문제 풀이 위주나 독해 비법으로 수업을 진행하면 일부 학생들만 수업에 참여하고, 많은 학생들은 흥미를 잃고 수업에 참여하는 비율도 떨어집니다.

☑ 법학적성시험(LEET)

로스쿨에 입학하려면 법학적성시험(LEET)을 봐야 합니다. 그런데 요즘 수능 국어 강사들이 LEET 기출문제를 풀어 봐야 한다는 이야기를 자꾸 합니다. 심지어 사교육 시장에서는 중학생을 대상으로 하는 LEET 기출문제 풀이반이 생겼다고 하네요. 현직 고등 국어 교사인 남편은 LEET가 수능이랑 비슷한 부분이 없는 건 아니지만 그걸 꼭 풀어 봐야 하는 것처럼 말하는 것은 지나친 마케팅이라고 지적합니다.

법학적성시험 기출문제는 법학적성시험 홈페이지(www.leet.or.kr) 자료실의 기출문제에서 확인할 수 있습니다. 1교시 언어이해를 보면 '어, 이건 수능 국어 비문학이랑 같은데!'라는 생각이 드실 겁니다. 궁금하신 분은 가볍게 풀어 보세요.

수능 성적 분석 기사를 유심히 보면 다음을 대비하는 데 도움이 됩니다. 2022학년도 수능 시험 국어 영역 만점자는 28명입니다. 응시자 수는 44만 명을 넘겼는데 만점자가 무척 적지요? 또한, '언어와 매체(문법)'보다 '화법과 작문'을 많이 선택했습니다. 약 30:70의 비율입니다. 2022학년도는 2019년 이후 두 번째로 어려운 시험이었습니다. 그리고 앞으로도 국어 영역은 어렵게 출제될 확률이 높습니다. 생활기록부로는 사실상 변별이 어렵고, 수학을 어렵게 출제하는 건 평가원 차원에서도 쉽지 않기 때문입니다.

그럼, 수능 국어를 어떻게 준비해야 할까요? 남편에게 들은 일화를 소개합니다. 몇 해 전 1학년 담임을 하면서 반 아이들에게 시간 날 때마다 독서하라는 이야기를 자주 했다고 합니다. 그러던 중 점심시간에 두꺼운 책을 읽던 한 학생의 모습이 눈에 들어와 가까이 가 보니 찰스 디킨스의 『두 도시 이야기』를 읽고 있었다고 합니다.

"최고의 시절이자, 최악의 시절이었다."

남편이 이 책의 아주 유명한 첫 구절을 말하자 아이가 방긋 웃었다고 합니다. 담임 선생님도 이 책을 알고 있다고 생각해서였는지 학생이 정말로 기분 좋은 표정을 지어서 남편도 기분이 참 좋았다고 합니다.

그 학생이 수능을 봤던 해는 국어가 아주 어려웠습니다. 국어 표준점수가 역대 최고로 높아서 국어를 다 맞으면 정시로 어느 대학이든 갈 수 있는 상황이었습니다. 열심히 독서를 했던 그 학생은 국어에서 매우 높은 점수를 받았고, 자신이 원하던 의대를 지원해 합격했다고 합니다.

고등학생은 공부할 과목도 다양하고 분량도 많은데 어떻게 독서까지 하냐고 물을 수 있습니다. 하지만 독서는 선택이 아닌 필수입니다. 신문 칼럼도 좋고 경제나 역사, 과학과 문학 등의 다양한 책을 틈틈이 읽는 것도 도움이 됩니다.

수능 문학은
일찍 시작하는 것이 답

"혹시 올해 가르친 학생 중에 기억에 남는 학생은 없어?"

남편에게 묻자 고개를 끄덕입니다.

"물론 있지."

그러면서 한 학생의 이야기를 들려 주었습니다.

"수업이 끝나면 거의 빠짐없이 찾아오는 학생이 있었어. 그날은 최승호의 시 「북어」를 가르쳤는데, 군사 독재 시절을 배경으로 한 이 작품은 부당한 현실에 저항하지 못하며 살아가는 당시 사람들을 무기력하고 획일화된 북어에 빗대어 표현한 시라고 설명을 했지. 그런데 이 시는 마지막에 시상 전환이 나타나. 북어가 화자에게 "너도 북어지?"라고 말하는 부분이야. 그건 시를 읽는 독자에게 북어가 하는 말이기도 해. 그 말을 듣고 자신의 삶을 돌아보도록 환기하는 작용을 하고 있지. 그런데 수업이 끝나고 교실을 나오려는데 그 학생이 찾아와 이렇게 질문을 하는 거야.

'현대인의 무기력한 삶을 북어에 빗대어 표현했다고 하셨는데요. 그런데 현대인들과 북어는 본질적으로 다르지 않나요?'

왜 본질적으로 다른지 물어봤어. 학생이 대답했지. 북어는 화자에게 반성을 촉구하는 역할을 하게 하지 않느냐? 현대인들은 그런 인식조차 하지 못하는데. 그렇기에 북어는 무기력한 존재가 아닌 오히려 화자를 각성시키는 존재로 보아야 하지 않느냐는 거야. 일반적으로 수업은 교사가 설명하고, 학생은 그 설명을 필기하고 마무리를 짓거든. 그런데 북어와 현대인의 차이점을 스스로 생각하고 그것을 자기만의 시각으로 생각한 뒤 교사에게 질문하는 것이 굉장히 신선했어.

당시에 내신 문제를 정말 어렵게 출제했었는데, 수업 시간에 질문을 빼놓지 않고 하던 그 학생은 96점을 받았어. 국어 100점이 전교에 한 명이었으니, 굉장히 잘한 거지. 사실 문학은 보편성이 중요해. 학창 시절에 배우는 작품들은 어느 정도 답이 정해져 있지. 그런데도 많은 학생 중에서 그 학생이 기억에 남는 건 자신만의 시각으로 작품을 해석하려고 노력했다는 점이야. 국어 점수가 높은 학생들은 독서를 충분히 하고 글을 이해하는 능력이 뛰어나.

단순히 문제집만 풀진 않아. <u>스스로 해석해 보려는 시도도 많이</u> 하더라고."

문학은 일찍 시작해야 한다고 현직 교사들이 입을 모아 이야기를 합니다. 남편도 수능 문학은 무조건 고1 때 해야 한다고 강조합니다. 문학은 한 번 제대로 공부해 놓으면 3년은 가기 때문에, 고2 때는 독서와 선택과목을 공부하고, 고3 때는 EBS 연계교재 위주로 공부하면서 탐구과목(과학탐구, 사회탐구)을 공부해야 한다고 말합니다.

『EBS 수능특강』과 『EBS 수능완성』은 한국교육과정평가원이 감수하고 EBS에서 출간하는 수능 대비용 참고서입니다. 『EBS 수능특강』은 개념과 문제풀이를 다루고, 『EBS 수능완성』은 문제풀이 위주의 교재로 『EBS 수능특강』보다 난이도가 좀 더 높습니다. 국어 영역에서 EBS 연계율을 크게 체감할 수 있는 영역은 바로 문학입니다. 연계교재에 수록된 작품의 다른 부분이 지문으로 출제되는 경우가 많습니다. 그렇기에 교재에 수록된 작품은 모두 작품 분석을 해 두는 것이 좋습니다.

요즘 중고등학교에서는
국어 시간에 이렇게 공부합니다

요즘 중고등학교 수업은 일방적으로 강의를 하는 것이 아니라 협력과 배려를 통해 수업을 진행하도록 지침이 내려옵니다. 교과서의 내용은 절대적인 것이 아니며, 교사가 선별적으로 가르쳐도 되는 자율권을 보장합니다.

예전에는 국어 수행평가 때문에 갈등이 일어나는 경우가 많았습니다. 모둠 활동을 하고 모둠이 만든 작품으로 평가를 할 때 무임승차하는 학생들이 있었기 때문입니다. 또는 수행평가 때문에 방과 후에 친구 집이나 학교에 남아서 문제가 되는 경우도 있었습니다. 하지만 이 부분은 점차 개선되고 있습니다.

요즘 수행평가는 배움의 과정을 중시하기 때문에 학교 밖이 아닌, 수업 시간에 실시합니다. 발표 수업도 많이 합니다. 학생들이 길러야 하는 핵심 역량 중 하나인 의사소통 역량을 키우기 위해 모둠 수업을 자주 하지만, 실제로는 모둠별이 아닌 개인별 평가를 합니다.

코로나19로 매체를 활용한 수업을 많이 했습니다. 구글 클래스룸을 활용하기도 하고, 태블릿을 활용해 독후 활동을 작성하기도 했습니다. 전통적으로 생각하는 학교의 모습은 칠판을 앞에 두고 선생님 말씀에 집중하는 모습이었지요? 앞으로 점차 바뀌어 나갈 부분입니다.

교사들도 성취기준을 달성하는 데 적합한 형태의 수업을 만들고 있습니다. 온라인 수업이 점점 익숙해지면서 다양한 매체 활용 수업을 합니다. 가령 패들렛(padlet)은 원격 수업과 등교 수업에서 교사들이 독서 토론이나 교과 활동에 유용하게 활용할 수 있는 도구로, 학생들의 소통과 유대를 강화하는 데 탁월합니다. 보통 구글 아이디로 가입하여 학생들을 초대하는데, 학생들은 회원 가입 없이 게시물을 올리고 다른 친구들 글에 댓글을 달면서 소통할 수 있습니다.

혹시 예전 국어 시간에 외웠던 용비어천가 기억 나세요? "뿌리 깊은 나무는 바람에 아니 흔들리고, 꽃이 아름답고 열매가 많이 열린다"라는 부분이요. 어쩌면 우리는 아이들의 내면의 뿌리를 단단하게 만들어 주는 데 소홀한지도 모릅니다. 몸에 좋은 것들은 입에 많이 넣어 주어서 신체는 건강할지 몰라도 아이들의 정신은 약하다고 생각합니다. 자신이 궁금해하는 내용을 생각해 보고, 공부하고 나서 그 부분을 궁금해하는 친구에게 알려 주는 과정을 통해 지식뿐만 아니라 내면의 성장도 이루면 좋겠습니다.

절실한
질문에 대한
시원한 답변

국어도 매일 공부해야 할까요?

학년에 따라 다릅니다. 초등학생이라면 국어를 매일 공부할 필요는 없습니다. 대신 책은 매일 읽어야 합니다. 10분이라도 말입니다. 학년이 올라가면서 자연스럽게 독서와 멀어지는 학생들이 많아집니다. 하지만 전문가들이 입을 모아 하는 이야기는 독서를 꾸준히 해야 한다는 겁니다. 독서를 하면 공부에 도움이 되는 다양한 배경지식을 쌓을 수 있고, 문학적 감수성도 키울 수 있습니다. 또, 일상 생활에서는 사용하지 않는 어휘도 많이 접할 수 있습니다. 여유가 생겼을 때 독서를 할 수 있는 환경을 만들어 주는 것이 필요합니다.

중학생도 매일 공부할 필요는 없습니다. 대신 초등학생이나 중학교 1학년은 글쓰기를 매일 하는 것이 좋습니다. 글쓰기는 기록하는 습관을 갖게 하는 좋은 방법이고, 자신이 알고 있는 내용을 잘 전달하는 방법이기도 합니다.

어휘 책을
따로 풀려야 할까요?

아니요, 추천하지 않습니다. 문해력 수업이 인기를 얻은 후에 출판 시장에 어휘력을 잡아야 한다는 책이 많이 출간되고 있습니다. 하지만 새로운 어휘는 문장을 통해, 또는 상황을 통해 뜻을 알게 되어야 오래 기억됩니다. 영단어를 하루에 몇십 개씩 본다고 다 기억할 수 없죠? 영어책을 읽거나 공부를 하다가 모르는 단어만 따로 정리하는 게 좋습니다. 이는 국어 어휘도 마찬가지입니다.

어휘 책을 한 권 본다고 어휘력이 갑자기 늘까요? 아닙니다. 『위저드 베이커리』(창비)를 쓴 구병모 작가는 한 인터뷰에서 매일 국어사전을 읽는다는 이야기를 했습니다. 새롭게 갈고닦아 쓸 단어를 찾기 위한 소설가의 노력이겠죠? 하지만 우리 자녀들은 그렇지 않습니다. 어휘 학습서를 안 보는 것보다는 보는 게 당연히 도움은 될 것입니다. 그래도 그 방법보다는 책을 읽다가 모르는 단어가 나왔을 때 앞뒤 상황을 통해 단어의 뜻을 짐작하고, 나중에 국어사전을 찾아보는 노력을 하는 것이 훨씬 좋은 학습 방법입니다.

어휘 책은 아이의 생활과 관련성이 적습니다. 아이가 생활 속에서 '이 단어의 뜻이 뭘까?' 하고 궁금해하지 않은 상태로 주어지기 때문입니다. 한마디로 아이의 관심을 반영하지 않습니다. 그래서 기억하고 활용하는 데 한계가 있습니다. 어떤 주제는 너무 쉽고 어떤 주제는 관심 자체가 없을 겁니다. 그래서 아이가 읽는 책, 아이가 살아가는 환경을 통해 자연스럽게 '습득'하는 게 중요합니다. 다시 한번 강조하지만 어휘 책 한 권 더 봤다고 어휘력이 쑥쑥 올라가는 일은 흔하지 않습니다. 다만, 중학교 고학년이나 고등학생쯤 되어서는 기존에 알고 있던 내용을 점검하기 위해 어휘 책을 읽어 보는 건 좋습니다.

참고로 우리 아이의 어휘력을 진단하고 싶다면 다음 두 사이트에 방문해 보시면 됩니다.

㈜낱말 우리말 어휘력 검사
㈜낱말 홈페이지(natmal.com)에 들어가면 검사를 할 수 있습니다. 검사비는 유료입니다.

EBS 〈당신의 문해력〉 중학교 3학년 어휘력 진단
총 26문항을 30분 동안 풀어 볼 수 있고, 무료입니다. (url.kr/t7zyw1)

어른을 위한 어휘력 추천 도서

아이들만 어휘력을 키워야 할까요? 사실 어른들도 어휘력을 키워야 합니다. 학교를 졸업한 뒤로 책을 손에서 놓은 어른들이 적지 않습니다. 어휘력은 사람과 사람 사이를 연결하는 힘이자 사물을 바라보는 시각이며, 어휘력을 키운다는 건 이러한 힘과 시각을 기르는 것입니다.

『어른의 어휘력』(유선경 저, 앤의서재)을 가볍게 읽어 보세요. 어른들은 더 이상 배울 게 없다고 생각합니다. 하지만 다른 사람을 배려하지 않고, 적절한 상황에 맞는 단어를 모르고, 아무 말이나 내뱉곤 합니다. 그래서 듣는 사람들은 상처를 입거나 제대로 못 알아듣습니다. 어휘력은 대화로는 키울 수 없습니다. 책을 읽어야 평소에 사용하지 않

© 앤의서재

는 단어들을 많이 만날 수 있습니다. 다른 사람에게 상처를 주지 않기 위해, 제대로 말하기 위해서 어휘력 공부는 어른에게 더 필요합니다.

『언어의 높이뛰기』(신지영 저, 인플루엔셜)도 추천합니다. 사소하지만 누군가에게는 불편한 말들이 있습니다. 상대방에게 직접 말을 해 주자니 선을 넘는 것 같고, 넘기자니 걸리는 말들입니다. 물음에서 벗어난 답이지만, 아이들을 가르치는 입장이 되니 더 많이 배워야겠다는 생각이 듭니다. 우리 아이들의 어휘력이 쑥쑥 자라는 것처럼 우리 어른들을 위한 어휘력 책도 읽어 두면 어떨까요? 부모는 아이의 거울이 되어야 하니까요.

© 인플루엔셜

초등 논술 학원, 보내는 게 좋을까요?

　　학생들이 쓴 글을 보면 '이 학생은 논술 학원에 서 배웠구나'라는 생각이 드는 글들이 있습니다. 그 점이 꼭 나쁘다는 건 아닙니다. 논술 학원 수업을 통해 얻는 것도 분명히 있을 것입니다. 다만, 전형적인 부분들이 분명히 있습니다. 저는 초등 학생을 논술 학원에 꼭 보낼 필요는 없다고 생각합니다. 예전에 는 무조건 필요 없다는 식으로 이야기하던 때도 있었습니다. 하지만 가정에서 글쓰기 지도나 독서 지도를 하는 데 어려움이 있는 경우나 부모님이 늦게까지 생업에 종사하시는 경우 등 다양한 상황이 있기 때문에, 학생이 배울 여력이 된다면 보내도 좋다고 생각합니다. 다만, 고학년 논술 지도는 학생들이 어렵다고 느끼는 배경지식에 대한 설명이 함께 이루어지다 보니 정작 글쓰기 지도 보다는 배경지식 설명이 주가 되지 않는지 점검하실 필요는 있 습니다. 그리고 학원이 아닌 지역 도서관에서 학년별로 독서교육 프로그램이 진행된다면 그걸 신청해서 듣는 것도 좋습니다. 논술 수업보다는 책을 읽는 일에 좀 더 집중할 수 있고, 비용도 저렴하기 때문입니다.

조금 다른 이야기이지만, 학원에 대한 견해는 사람마다 다르다고 봅니다. 정답이 없지요. 제가 근무하는 학교는 읍 지역에 있습니다. 제 자녀들이 다니는 학교도 읍 지역에 있습니다. 태평한 저와 다르게 남편은 분당·판교 지역에서 고등학생들을 가르칩니다. 본인이 가르치는 학생들은 사교육의 힘으로 열심히 공부하는데 정작 본인 자식들은 집에서 여유롭게 시간을 보내고 있으니 답답해합니다. 이 부분은 부부간의 대화와 합의가 필요하겠네요.

중고등 국어에서 아이들이
가장 힘들어하는 부분은 어디인가요?

　　　　　문법입니다. 문법은 교사는 가르치기 편한데 아이들은 정말 어려워합니다. 특히 음운의 변동이나 음운 체계를 가르칠 때 아이들은 이미 일상 대화에서 잘 쓰고 있으면서 설명만 하면 모른다고 합니다.

　이런 학생들에게는 음운의 변동과 음운 체계를 설명하는 유튜브 영상이 유용합니다. 학생들이 어려워하는 걸 알고, 쉽게 설명하는 영상들이 정말 많거든요. 이걸 본 뒤에 자신이 설명하는 동영상을 찍어 봅니다. 드라마 〈스카이캐슬〉에서 공부 잘하는 우주의 비결을 알고 싶은 수완이 엄마가 우주 엄마에게 질문을 합니다. 우주 엄마는 그 비결로 아이에게 배운 내용을 설명해 보라고 한다고 했습니다. 설명을 할 때 자신이 잘 몰랐던 부분이 뭔지 알게 되거든요. 설명하고 가르치면 배운 내용의 90%를 기억할 수 있다고 합니다.

　그리고 과학이나 경제 관련 독서 지문이 나오면 학생들이 힘들어합니다. 문단 내용을 요약하는 것도 쉽지 않습니다. 고등학생이 되면 즐겁게 읽기만 한 문학작품의 역사를 이해하는 과정도 쉽지 않습니다. 고대부터 근현대까지 작품들을 알아야 하거든요. 과학, 경제 분야의 책을 읽어 두면 배경지식이 쌓입니다. 그래서 자신이 자주 틀리는 분야의 책은 틈틈이 읽어야 합니다. EBS 연계 교재만 푼다고 해서 해결되지 않습니다. 문학작품도 시대의 중요한 작품들을 읽어 두어야 문학사를 공부할 때 덜 어렵습니다. 독서를 실천해야 하는 이유입니다.

토의·토론 수업도 말을 조리 있게 하지 못하는 학생이라면 난감해하겠죠? 예전에는 교사의 강의식 수업이 많았지만 요즘은 자신이 준비해 온 것을 발표하거나 모둠별로 토의하는 수업이 많습니다. 이런 활동은 직장에서도 필요한 역량입니다.

하지만 가장 어려워하는 건 따로 있습니다. 바로 글쓰기입니다. 글쓰기를 잘하는 학생들은 교사가 가르칠 게 없습니다. 알아서 내용 생성을 하고 자료를 찾고, 표현하고, 고쳐쓰기까지 합니다. 『덕질로 배운다! 10대를 위한 글쓰기 특강』(윤창욱 저, 책밥)은 글쓰기에 관심이 없는 학생들도 글쓰기를 해 보도록 마음먹게 하는 책입니다. '글쓰기를 시키자'라는 관점에서 벗어난, 글쓰기에 큰 관심이 없는 중학생도 쉽고 재미있게 읽을 수 있는 책입니다. 자기가 아는 것을 그냥 친한 사람에게 이야기를 들려주듯 쓰면 된다는 저자의 생각이 잘 나타나 있습니다. 글로 나누고 싶은 마음만 있다면 누구라도 할 수 있는 일이라는 저자의 말에 글쓰기를 배우고 싶은 마음이 생깁니다.

중학교에서는 학생의 배움중심 수업을 강조해 토의나 토론 수업을 하는 경우가 많습니다. 학생들 성향에 따라 토론 수업을 힘들어하는 경우가 있습니다. 그리고 중학교 1학년 때는 평가에서 자유롭다가 2학년부터 시험을 위해 공부를 해야 한다는 것도 힘들어합니다.

고등학교에서는 너무나 많은 것을 외워야 한다는 점을 어려워합니다. 그리고 내신을 위한 국어 공부와 수능을 위한 국어 공부를 따로 해야 한다는 점도 학생들을 어렵게 하죠.

내신 국어 공부와
수능 국어 공부가 다른가요?

중학교 내신 국어는 교사가 가르친 부분에서 시험 문제가 모두 출제됩니다. 그리고 성취평가제이기 때문에 교사는 시험 문제를 쉽게 내려는 경향이 있습니다. 중학교 내신에서 좋은 국어 성적을 받으려면 수행평가를 성실하게 하고, 자신이 다니는 학교에서 선정한 국어 교과서 출판사에서 만든 평가문제집 한 권 정도를 구입해서 시험 전에 풀어보면 A(90점 이상)를 받을 수 있습니다.

하지만 고등학교는 등급이 나오는 상대평가입니다. 그래서 교사가 가르친 부분과 교과서에서 출제하지만 난이도 높은 문제를 함께 출제합니다. 그리고 고등학생들은 수능 시험을 보기 때문에 수능과 유사한 형태의 내신 문제를 냅니다. 다양한 문학 지문을 활용해 문제를 출제하기도 하죠.

학교 성적은 잘 나오는데, 모의고사 점수는 낮아 수능 국어에 적응하지 못하는 경우가 있습니다. 반대로 수능 국어는 잘하는데, 내신 국어 점수는 나쁜 경우도 있습니다. 같은 국어인데 점수가 왜 이렇게 차이가 날까요? 내신 국어는 출제 범위가 정해져 있기 때문에 그 부분만 집중해서 공부하는 경우가 많습니다. 하지만 수능 국어는 평소의 독해력과 사고력이 점수로 나타납니다. 단순 암기를 잘한다고 좋은 점수를 받을 수는 없습니다.

불수능이라는 이야기가 많이 들립니다. 인터넷에 기출문제가 공개되어 있으니 부모님도 한번 보세요. 정해진 시간 동안 이렇게 긴 지문을 읽고 문제를 정확하게 풀려면 초등학교 때부터 정말 독서를 열심히 해야겠다는 생각이 절로 듭니다. 자녀에게 수능 시험 문제를 미리 보여 주셔도 좋습니다. 그러면 '어휘력과 독해력을 키워야겠구나'라고 생각하며 책을 읽는 태도가 달라질 거라고 봅니다.

하지만 저는 조금 더 큰 그림을 그리면 좋겠습니다. 독해력을 키워 두면 시험 볼 때만 좋을까요? 우리는 평생 살면서 많은 글을 읽어야 할 겁니다. 다양한 매체에서 글을 정확하게 잘 읽어낼 수 있어야 합니다. 이런 내용을 아이에게도 잘 설명해 주시면 좋을 것 같습니다.

추천 도서 목록에 있는
책을 꼭 다 읽어야 할까요?

'학년별 필독서', 'OO 권장도서' 같은 추천 도서 목록을 살펴보면 한숨이 나올 때가 많습니다. 선생님들이 읽어 보고 추천하는 경우도 있지만, 그 책이 유명하기에 혹은 읽어 두면 좋다고 생각하니 목록에 들어간 경우도 있습니다. 그렇기에 추천 도서를 다 읽을 필요는 없습니다.

저도 『총, 균, 쇠』(재레드 다이아몬드 저, 문학사상)나 『이기적 유전자』(리처드 도킨스 저, 을유문화사)를 읽으면서 힘들었던 기억이 납니다. 유시민 작가가 추천한 『코스모스』(칼 세이건 저, 사이언스북스)는 세 번 졸면서 읽었습니다. 좋은 책이지만 개인적으로는 이 책을 모든 아이들에게 추천하고 싶지는 않습니다.

물론 추천 도서를 무조건 멀리할 필요는 없습니다. 도전 정신은 훌륭하니 도전해 보세요. 다만 현재 내 상태에서 어렵다면 나중에 도전해도 됩니다. 그 책을 안 읽는다고 해서 그 분야 배경지식을 쌓지 못하는 건 아니거든요. 같은 주제를 다룬 좀 더 쉬운 책들부터 읽어도 됩니다. 유전공학 비문학 독해 지문을 읽었는데,

도저히 이해할 수 없다면 중학생이나 초등학생 수준으로 나온 유전공학 책을 읽어도 좋습니다. 오히려 이게 더 낫습니다.

꼭 읽어야 하는 책이 있을까요? 읽고 싶은 책, 좋아하는 책은 사람마다 다릅니다. 어떤 책을 꼭 읽어야 한다는 건 부모의 욕심일 수 있습니다. 책만큼은 원하는 대로 읽게 해야 좋은 독서 습관을 유지할 수 있다고 생각합니다. 책을 안 읽게 만드는 지름길은 어쩌면 읽고 싶지 않은 책을 추천 도서이니 읽으라고 강요하는 것이 아닐까 조심스레 생각해 봅니다. 저는 아이들의 책 선택권에 자율성을 보장해 주어야 한다고 생각합니다.

그래도 걱정이 된다면 독서력 검사를 실시한 뒤에 부족한 부분이 나오면 그 분야의 책을 보완해서 읽는 것도 추천드립니다. 올해 중1 학생들과 독서력 검사를 실시했는데, 건강검진을 받는 것처럼 학생들의 읽기 수준을 점검해 볼 수 있었습니다. 문학, 인문/예술, 사회과학, 자연과학 분야에 대한 결과를 알 수 있고, 부족한 분야의 책을 학교 도서관에서 빌려서 읽도록 지도를 했습니다.

가정에서 자녀에게 책을 추천한 일화를 들려드릴까요? 저희 둘째는 어린이 도서 신간은 많이 읽었지만, 1920년대 한국 단편소설은 읽은 적이 거의 없습니다. 〈내일〉이라는 드라마 6화를 보고 있는데, '오늘은 운이 기가 막히게 좋네'라는 대사가 나왔습니다.

그래서 제가 「운수 좋은 날」에 나오는 말 같다고 했더니 초등학교 5학년인 아이가 그게 뭐냐고 합니다. 그래서 제가 아직 「운수 좋은 날」을 읽지 않았냐고 물었더니 그렇다고 하더라고요. 아주 유명한 작품이라서 중학교 교과서에 실려 있다고 했습니다. 아이가 내용을 궁금해하길래 중학교 2학년 국어 교과서를 건네며 물었습니다.

"중학교 2학년 형아랑 누나들이 읽는 건데 볼 수 있을까?"

아이는 도전의식이 생겼는지 읽을 수 있다고 합니다. 제가 한국 단편집을 주면서 읽으라고 했다면 아이는 아마 대답만 하고 어딘가에 책을 던져두었을 겁니다. 가만히 주의를 기울이면 아이에게 책을 추천할 기회는 많이 있으니 그 기회를 포착하세요.

Q7 독서를 안 하려고 하는데 문제집이라도 풀려야 할까요?

독서를 안 하려는 이유를 먼저 살펴봐 주셔야 합니다. 자신의 흥미에 맞는 책을 권하면 아이들은 재미있게 읽습니다. 하지만 어떤 책을 억지로 읽으라고 하면 당연히 읽지 않습니다. 중학생이라고 하더라도 말입니다.

중학교 1학년들과 수업 시간에 '10분 독서'를 합니다. 사제동행 독서를 해서 학생들이 책을 읽을 때 저도 책을 읽습니다. 선생님의 시선을 신경 쓰지 않고, 자기 책을 열심히 읽는 학생만 있는 건 아닙니다. 책을 펼쳐놓고 읽는 척만 하는 학생들도 분명히 있습니다. 이런 학생들은 제가 독서할 책을 갖고 오라고 하면 교실 뒤에 있는 학급문고에서 그냥 아무 책이나 갖고 와서 읽는 척만 합니다. 저는 그런 학생들에게 『이상한 과자 가게 전천당』(히로시마 레이코 저, 길벗스쿨)이나 『건방이의 건방진 수련기』(천효정 저, 비룡소)같이 재미있게 읽을 수 있는 책을 읽어 보라고 권합니다. 쉽지만 재미있거든요. 이렇게 하면 대부분은 10분은 집중해서 읽습니다. 그럼에도 불구하고 읽지 못하는 학생들에게는 그림책을 줍니다. 집에 있는 그림책 50권을 갖고 와서 그 학생들만을 위해 전용 학급문고를 만들어 준 적도 있습니다.

수능 국어 비문학을 초등학생 눈높이에 맞춘 국어 독해 문제집까지 나왔습니다. 하지만 사실 국어 교사 입장에선 이런 현상이 바람직해 보이지 않습니다. 책은 철저한 기호품입니다. 선생님이 권하고 부모가 권하더라도 내 취향과 관심사에 맞지 않으면 읽고 싶지 않습니다. "이건 추천 도서야"라고 아무리 말해도 동기부여가 되지 않습니다. 독서를 안 하려는 이유가 어렸을 때 긍정적인 독서 경험이 없어서인지, 아니면 아이가 읽고 싶은 책이 아니어서인지 이유를 따져 봐야 합니다. 그리고 쉽고 재미있는 책부터 읽으면 됩니다.

저희 학교에서는 '한 책 함께 읽기'를 합니다. 한 권의 책을 한 달 동안 읽고, 월초와 월말에 독서 선생님이 학급에 오셔서 책과 관련된 이야기를 들려주십니다. 함께 읽으면 혼자 책을 읽을 때보다 읽기가 수월해집니다. 자녀가 다니는 학교에서 함께 읽기를 진행하고 있지 않다면 제안을 해 보셔도 좋겠습니다.

또는 독서 모임을 만들어 주시는 것도 권합니다. 또래를 키우는 엄마들과 의기투합하여 자녀들이 책을 매개로 만날 수 있게 해 주시면 다양한 주제로 책을 읽게 할 수 있습니다.

중학교 가기 전에 문법책을 한 권 떼고 가야 하나요?

아닙니다. 중학교 1학년에 나오는 언어의 특성은 혼자 공부할 수 있지만, 음운의 변동이나 품사, 문장의 성분, 음운 체계는 인터넷 강의를 보더라도 이해하는 데 어려움이 있습니다. 학교에서 공부하고, 복습하는 것으로 충분합니다.

중학생들이 영어 품사는 이미 공부한 경우가 많습니다. 영어는 8품사, 한국어는 9품사입니다. 그중 형용사의 개념을 구분해서 기억해야 합니다. 영어의 형용사는 명사 앞에서 명사에 대한 구체적인 정보를 제공하는 역할을 하거나 특정 동사 뒤에서 주어나 목적어에 해당하는 명사를 보충 설명하는 역할을 합니다. 쉽게 말해서 명사를 수식하는 역할을 합니다. 하지만 한국어에서 이런 역할을 하는 품사는 관형사입니다. 관형사는 체언 앞에 놓여서 그 체언을 꾸며주는 역할을 하죠. 한국어에서 체언은 명사, 대명사, 수사입니다.

한국어 형용사는 사람이나 사물의 상태나 성질을 나타내는 단어를 말합니다. 문장에서 형태가 변하는 활용을 하면서 문장을 끝맺거나 연결하는 기능을 합니다. 한국어에서 형용사는 영어의 형용사와 달리 문장의 서술어가 될 수 있습니다. 형용사는 문장에서 형태가 변하기 때문에 관형사랑 구분하기 어렵기도 합니다.

하지만 예비 고등학생들은 입학 전에 문법을 미리 공부하는 걸 추천합니다. 인터넷 강의로도 충분히 공부할 수 있습니다. 방학을 활용해서 음운, 품사, 문장 등을 공부해 두면 좋습니다.

기본 한자를 쓸 수 있어야 하나요, 보고 읽을 줄 알면 되나요?

한자를 몰라도 일상생활에 큰 어려움은 없습니다. 다만 우리가 초등학생들에게 한자를 계속 가르치려고 하는 이유는 책에 나오는 주요 개념과 단어가 한자어인 경우가 많기 때문입니다. 우리나라 말의 70%가 한자어라는 말을 들어보셨죠? 문해력을 갖추기 위해서는 어휘력이 있어야 하는데, 어휘력을 갖추기 위해 '한자'를 공부해야 한다는 것이지요. 『서울대 아빠식 문해력 독서법』(이재익·김훈종 저 한빛비즈)에서는 아이에게 한자를 가르쳐야 한다고 이야기합니다. 서예 학원이나 한자 전문 학원을 보내는 것도 좋고, 하루에 넉 자 정도만 집에서 외우게 하는 것도 방법이라고 합니다.

저도 한자 공부가 어느 정도 필요하다고는 생각합니다. 다만, 아이가 싫어한다면 한자를 억지로 공부시키기보다는 책을 통해 배우는 걸 추천합니다. 즉, 책을 통해 다양한 상황에서 문맥을 파악하고 어휘가 어떤 경우에 쓰이는지 알아가는 훈련을 하다 보면 한자로 된 용어의 뜻도 유추하는 힘이 생기고, 문해력 향상으로 이어질 것입니다. 문해력 향상을 위한 어휘 훈련은 문맥을 통해 유추하는 것입니다.

고3을 가르치는 남편이 저녁을 먹으며 한 이야기가 생각납니다. 학생들이 '이촌향도(離村向都)'의 한자를 보고 아무도 읽지 못했다는 이야기를 했습니다.(쓰는 것은 바라지도 않았답니다.) 중학교 사회 시간에 배웠을 법한 단어이지만, 그 뜻을 아는 학생도 많지 않았습니다. 그 단어가 어디에서 나왔냐고 물었더니 EBS 수능 연계 교재에 실린 현대시 「폐가에 부쳐」의 주제를 표현하는 말이라서 칠판에 설명하기 위해 한자를 적었다고 합니다.

이 말을 듣고 있던 고1 큰아이는 자신도 한자를 쓸 줄은 모르지만 '고향을 떠나 도시로 향하는 현상'이라는 뜻은 안다고 했습니다. 같은 국어 교사인 남편과 저도 한자 교육에 대한 생각은 다릅니다. 저는 초등학교에서 한자 공부를 하지 않는데 굳이 할 필요가 없다고 생각합니다. 반면, 남편은 그래도 한자를 보고 읽을 정도까지는 공부해야 한다고 생각합니다.

한자를 많이 알면 좋겠죠. 하지만 저는 학습에 부담이 많은 요즘 아이들에게 한자 공부까지 더해 주고 싶지 않습니다. 한자어의 의미만 알면 독서를 하고 학교 공부를 하는 데 충분하다고 생각합니다.

명작 소설, 축약본으로 읽는 건 안 좋은가요?

　　꼭 완역본이 최고라고 생각할 필요는 없습니다. 좋은 축약본은 훌륭한 대안이 됩니다. 가령 『이상한 나라의 앨리스』는 널리 알려진 유명한 작품이지만, 초등학교 저학년이 원본을 읽기에는 어려운 책입니다.

　　『푸른숲 징검다리 클래식』은 현직 국어 교사들이 기획한 책 시리즈입니다. 방대한 분량과 어려운 표현들 때문에 청소년들이 읽기에 무리가 있는 명작을 골라 학습에 도움이 되는 정보와 시각 자료를 풍부하게 제공하여 청소년 수준에 맞추고 있습니다.

　　『진형준 교수의 세계문학컬렉션 세트』도 추천할 만한 책입니다. 고대부터 현대까지 교양으로서의 고전문학을 시대순으로 정리한 시리즈로, 청소년 눈높이에 맞춰 축약했습니다.

　　중1 학생들과 『멋진 신세계』를 온라인 한 책 읽기로 진행한 적이 있습니다. 지역 도서관과 연계해 독서 전문 선생님께서 학생들과 읽기를 진행하였습니다. 선생님께선 학생들에게 수행할 미션을 주셨고, 학생들도 책을 읽은 뒤 미션을 수행했습니다. 선생님이 그 책을 선정한 이유가 있었습니다. 『멋진 신세계』는 대입 논술에서 자주 언급되는 책입니다. 그래서 다 이해는 못 하더라도 한 번 읽어 두고, 생각해 보는 경험을 갖는 게 중요하다고 말씀하셨습니다.

『멋진 신세계』도 여러 형태의 책이 있습니다. 학생의 수준에 맞는 책을 읽어야 합니다. 원작의 이야기 구조에 따라 충실히 각색하고 청소년들의 눈높이에 맞게 장면과 인물 묘사, 대화, 사건 전개 등을 다듬은 작품을 읽는 것이 좋습니다. 참고로 저는 소담출판사에서 나온 안정효 번역본을 학생들과 함께 읽었습니다. 박경리 작가의 『토지』와 같은 대하소설도 청소년용으로 읽는 것을 권합니다.

아이가 싫어해도 글쓰기를 시켜야 하나요?

억지로 시켜서 글쓰기를 하면 좋지 않습니다. 왜 글쓰기를 해야 하는지 아이와 충분히 대화를 나눠 이끌어 주세요. 가장 좋은 건 '나도 쓰고 싶다'는 생각이 드는 것입니다. 그렇게 하기 위해 평소에 아이디어를 생성하는 것과 관련해 이야기를 자주 해 주시면 좋습니다.

둘째 아이가 미술 학원에서 붕어빵 만들기를 했습니다. 그런데 코로나 때문에 붕어빵을 바로 먹진 못했습니다. 미술 학원이 끝나고 피아노 학원에 들고 갔다가, 집에 가져오니 붕어빵 4개가 다 식어 버렸습니다. 그래도 아이는 두 개를 먹고, 제가 한 개를 먹고, 형과 아빠는 식었다고 안 먹었습니다. 잠자기 전에 붕어빵과 관련해 아이와 이야기를 했습니다. 바로 먹으면 맛있는데 집에 와서 먹으니 식었다고, 엄마도 맛이 없었냐고 묻습니다. 엄마는 아주 맛있게 먹었다고 이야기했습니다.

이때 상상력을 발휘해 보자고 했습니다. 차가워진 붕어빵에 아이의 사랑을 넣어서 다시 구웠더니 핫팩처럼 따뜻함이 유지되는 판타지 장르의 초단편 소설을 써 보면 어떨까 이야기했습니다. 아이는 재미가 없다면서 누가 사서 읽겠냐고 이야기하면서 새로운 이야기를 써 보면 좋겠다고 했죠. 이런 식으로 저희 가족은 상상력을 발휘해 이야기를 만드는 일을 자주 합니다. 우리가 본 것, 들은 것, 느낀 것을 이야기로 쓸 수 있도록 자극해 주세요. 그래야 엄마가 시키니까 억지로 하는 글쓰기가 아니고, 자신이 느낀 점을 글로 남겨두는 '삶과 연결이 되는 글쓰기'를 할 수 있게 됩니다. 또, 학교에서 하는 여러 종류의 글쓰기 수행평가도 부담이 줄어듭니다.

글쓰기를 시작해야 하는 학년을 꼭 정해야 한다면 저는 초등학교 5학년이라고 답변드립니다. 이 시기에 학교에서도 다양한 종류의 글쓰기를 본격적으로 배우거든요. 문제집보다는 창의력을 키우는 글을 써 보도록 합니다. 일단 자신감 있게 쓸 수 있으면 갈래에 맞는 글쓰기는 수업 시간에 특징을 배우면 바로 쓸 수 있게 되거든요.

국어 공부에 도움이 되는 보드게임이 있나요?

저는 공부도 재미있어야 오래 잘할 수 있다고 생각합니다. 모든 시간이 재미있을 순 없지만 공부가 싫다는 아이한테 공부의 재미를 조금이라도 느끼게 하려면 보드게임이 요긴하다고 생각합니다. 단, 주의할 점이 하나 있습니다. 게임 방법을 모를 때 게임법을 설명한 유튜브 영상을 먼저 시청하지 않습니다. 아이에게 설명서를 꼭 읽어 주고 어떻게 진행하는지 함께 대화를 나눠 보세요. 그럴 때 읽기가 얼마나 유용한지 알고 실제로 활용할 수 있습니다. 그래도 잘 모르는 부분이 있다면 게임을 설명하는 영상을 참고하고, 바로 진행하면 됩니다.

추천해 드리는 보드게임은 '라온 보드게임'과 '고피쉬'입니다. '라온 보드게임'은 어린 자녀들이 한글 자모를 쉽게 익힐 수 있게 도와줄 것입니다. 문화체육관광부 장관상을 받은 이력도 있습니다. 모바일 게임도 있지만, 실제 보드게임으로 하는 걸 권합니다. 자음 타일 44개, 모음 타일 36개가 있습니다. 3분 동안 자신이 가진 타일로 최대한 많은 단어를 만드는 사람이 이기는 게임입니다. 이 외에도 바닥에 있는 타일을 조합해 가장 많은 타일을 쓰는 단어를 만들거나 주제에 맞는 초성을 찾기도 합니다. 이 게임은 나중에 중학생이 되어 음운 체계를 확인할 때도 사용할 수 있습니다. '고피쉬'는 영어 철자를 익히는 데 도움이 된다고만 알고 계시는 분들이 많으시죠? 하지만 속담이나 관용어를 익히기 위한 고피쉬 게임도 많이 나와 있어 국어 공부에도 도움이 됩니다.

다양한 경험은 공부할 때 도움이 됩니다. 저는 아이와 '승경도'라는 게임을 합니다. 조선시대 벼슬살이를 하는 게임입니다. 말단 관직부터 시작해 점점 높은 곳으로 향합니다. 가장 높은 관직이 '봉조하'라고 되어 있습니다. 저는 봉조하가 무엇인지 처음에는 몰랐습니다. MBC 드라마 〈옷소매 붉은 끝동〉에서 비리를 저지른 홍덕로를 유배 보내지 않고 '봉조하'라는 특별 벼슬을 내리며 관직에서 물러나게 하는 장면이 나옵니다. 봉조하는 조선시대 전직 관원을 예우해 종2품의 관원이 퇴직한 뒤에 특별히 내리는 벼슬입니다. 실권은 없는 일종의 명예직인 셈입니다. 만약 승경도 게임을 하지 않았다면 드라마에 나오는 단어를 흘려들었을 겁니다. 이처럼 다양한 경험은 서로 연결되는 법입니다.

또 다른 보드게임으로는 이야기를 만들고 소통하고 시간을 즐기는 방법이 담긴 '이야기톡'을 소개합니다. '이야기톡'은 이야기 만들기의 매력에 빠질 수 있는 좋은 도구입니다. 저는 주로 학기

말에 학생들과 이야기를 만드는 활동을 합니다. 게임은 승패가 있어 과열 경쟁으로 모둠 간에 갈등이 생기는 경우가 종종 있지만, 이야기 만들기 매력에 빠진 모둠에서는 승패와 상관 없이 웃음소리가 들립니다. 상상력을 키울 수 있는 이야기 만들기는 아이의 글쓰기 실력을 자연스럽게 키워줄 것입니다.

다음은 한 학생이 '신데렐라는 백마 탄 왕자님을 만나 행복하게 살았답니다' 뒤에 일어날 일을 이야기한 것입니다.

신데렐라가 백마 탄 왕자님과 결혼하자 화가 난 계모와 딸은 신데렐라의 유리구두를 신데렐라에게 던졌습니다. 하지만 말이 막아주고 계모와 딸들은 왕비 모독죄로 벌을 받았습니다. 일곱 난쟁이들은 왕비의 시종이 되었습니다. 그런데 마법사가 빌려준 옷을 돌려주지 못해 그만 신데렐라에게 저주가 내렸고, 신데렐라는 좀비가 되었습니다. 백마 탄 왕자와 일곱 난쟁이들은 마법사에게 자신들은 영원히 신데렐라와 함께 있고 싶다고 간청했습니다. 왕자와 일곱 난쟁이들도 결국 좀비가 되었습니다. 그리고 그 왕국은 마법사가 다스리게 되었습니다.

마지막으로 책으로 암호를 푸는 보드게임인 '코드북'을 추천해 드립니다. 출제자가 생각하는 단어와 책 속의 문장을 알아맞히면 점수를 얻는 추리 게임입니다. 게임을 통해 읽기, 쓰기, 말하기 기능을 동시에 활용하고, 상상력과 추리력까지 기를 수 있으니 일석삼조입니다. 각자 책 1권과 필기구를 준비하고, 해독 카드와 워크시트지를 나눠 갖습니다. 각자 책에서 마음에 드는 한 문장을 골라 워크시트지에 기록합니다. 이렇게 문장을 기록한 워크시트지가 코드북이 됩니다. 출제자는 단어 카드와 코드북을 연결시키기 위해 고민합니다. 게임에 참여한 사람들은 출제자가 생각하는 문장을 잘 추리해서 점수를 얻습니다. 독후 활동으로 인상 깊은 문장, 의미 있는 문장을 살펴볼 수도 있습니다. 또, 등장인물의 성격이 드러나는 문장을 통해 등장인물의 성격을 정리할 수도 있습니다. 이렇게 다양하게 문장을 찾으면서 독서 교육에 보드게임을 활용할 수 있습니다.

중학생이 되면 무슨 책을 읽어야 할까요?

읽고 싶은 책을 읽으면 된다고 이야기를 하면 아무 도움이 안 되시죠? 저는 수업 시간에 10분 책을 읽고 수업을 합니다. 이 시기 아이들은 다양하고 폭넓은 주제와 관련된 책을 읽는 것이 필요합니다. 다음 두 권의 책은 문학과 비문학으로 나눠서 청소년 시기에 읽어 두면 좋을 책들을 주제별로 정리해 소개하고 있어서 책 선택에 도움이 되실 겁니다.

『와글와글 독서클럽 1: 문학』(강영준 저, 북트리거)에서는 먼저 '타인의 삶과 그를 바라보는 마음'이라는 주제 아래『우아한 거짓말』,『자기 앞의 생』을 소개합니다.『우아한 거짓말』에서 저자는 왕따 문제와 문학의 역할을 이야기하고,『자기 앞의 생』에서는 존엄사 문제를 다루는 동시에 경계인의 삶을 조명합니다.

'가족' 관련 주제에서는『두근두근 내 인생』,『불량 가족 레시피』,『시간을 파는 상점』을 다루며 가족 문제를 이야기합니다. 이 책들은 부모가 되는 데 적당한 나이가 있는지, 가족 위기는 어디서 비롯되는지, 바쁘고 부지런한 삶으로 잃는 건 과연 무엇인지 등 가족과 관련해 우리가 꼭 생각해 보아야 할 문제들을 다루고 있습니다.

확장된 주제로 사회와 공동체 등에 관련된 주제에 관해서는 『멋지기 때문에 놀러 왔지』, 『유진과 유진』, 『내 영혼이 따뜻했던 날들』을 읽으며 예술과 현실의 관계, 페미니즘, 문화적 다양성에 대해 논의합니다. 그리고 『수레바퀴 아래서』, 『열일곱 살의 털』을 다루며 청소년들을 옭아매는 규율을 비판하고, 『기억 전달자』, 『동물 농장』을 통해 이상 국가가 과연 존재할 수 있는지를 살펴봅니다.

『와글와글 독서클럽 2: 비문학』에서는 '이웃과 함께 걸어가는 길'이라는 주제로 『왜 세계의 절반은 굶주리는가?』, 『어느 외계인의 인류학 보고서』, 『소녀, 적정기술을 탐하다』를 다룹니다. 신자유주의와 기아 문제, 문화상대주의, 적정기술 등이 무엇인지 알아보고, 세계의 이웃들과 함께 행복하게 살아갈 수 있는 길은 없는지 모색합니다. '소비자인 우리'를 주제로 한 『누가 내 머릿속에 브랜드를 넣었지?』, 『슬기로운 미디어 생활』을 읽으며 우리의 소비 행위와 미디어 이용 실태를 스스로 점검할 수 있도록 구성하고 있습니다. 이 외에도 정당성을 위장한 희생 강요 등에 관련해서 『아픔이 길이 되려면』, 『나쁜 과학자들』을 읽으며 사회가 사람을 병들게 할 수도 있다는 것, 예전에는 일본이나 독일 같은 군국

주의 국가 과학자들뿐 아니라 미국의 과학자들도 생체 실험을 했다는 충격적인 사실을 전해 줍니다.

그다음 '함께 살아가는 지혜'에서는 『희망의 이유』, 『로봇 시대, 인간의 일』을 소개하며 동물과 함께, 더 나아가 로봇과 함께 살아가는 길을 고민합니다. 특히 『로봇 시대, 인간의 일』에서는 로봇이 인간과 얼마나 비슷해질 수 있는지를 살펴보고, 반대로 절대로 똑같아질 수 없는 이유까지 알아보고 있어 흥미를 끕니다. 끝으로 '생과 죽음'에 관해서 『나무야, 나무야』, 『시인 동주』, 『모리와 함께한 화요일』을 통해 어떻게 해야 가치 있는 삶을 살 수 있는지, 죽음을 맞이하는 바람직한 자세는 무엇인지 이야기하고 있습니다.

『허균 씨, 홍길동전은 왜 쓰셨나요』(강영준 저, 창비)는 제7회 창비청소년도서상 수상작으로, 청소년들에게 익숙한 교과서 속 대표 고전 소설 11편(만복사저포기, 홍길동전, 최척전, 박씨전, 사씨남정기, 호질, 심생전, 흥보전, 심청전, 토끼전, 춘향전)을 소개하는 책입니다. '소설-작가-역사'를 단계별로 읽게 해서 고전 소설을 다양한 각도에서 살펴볼 수 있게 했습니다. 고전 소설을 청소년 눈높이에 맞게 새로 쓰고, 가상의 작가 인터뷰로 작가의 삶과 생각을 엿보게 하고, 소설을 쓰게 된 배경을 정리해서 어렵게 느껴지는 고전 소설을 청소년 눈높이에 맞게 설명하고 있습니다.

『물음표로 따라가는 인문고전』(박진형 외, 아르볼) 세트도 추천
드립니다. 최척전, 장화홍련전, 춘향전, 구운몽, 금오신화, 박씨전,
심청전, 홍길동전, 흥부전, 운영전, 허생전, 토끼전 등 작품을 읽은
후에 '물음표로 따라가는 인문학 교실'에서는 고전의 핵심 가치
들에 다양한 방식으로 접근하는 코너가 있습니다. 하나의 주제를
놓고 가상 토론을 하고, 함께 읽으면 좋은 고전이나 영화 등을 소
개하기도 합니다. 고전을 통해 인문학적으로 사고하는 힘을 기르
게 될 것입니다.

맞춤법 공부도 문제집을 이용할 수도 있지만 책을 읽는 것도
좋습니다. 비문학 지문으로 출제될 가능성이 크니까요. 어려운 맞
춤법을 쉽게 배울 방법이 없을지 고민하던 한 사서 선생님은 직
접 책을 쓰게 됩니다. 권희린의『사춘기를 위한 맞춤법 수업』(생
각학교)입니다. 디지털 세대에게 중요한 문해력의 기본이 맞춤법
일 겁니다. 청소년들이 왜 틀리는지, 어떻게 쉽게 외울 수 있는
지 어떤 주제와 관련지어 익히면 좋을지 친절하게 안내하는 책입
니다.
그리고 많이들 알고 계시겠지만 도서를 추천해 주는 사이트 두
곳을 소개합니다. 한 곳은 '책따세(www.readread.or.kr)'입니다.
책으로 따뜻한 세상 만드는 교사들의 모임인 책따세의 추천 도

서는 선생님들이 직접 읽고 좋은 책을 추천하기 때문에 청소년들도 재미있게 읽을 수 있을 겁니다. 다른 한 곳은 '행복한아침독서 (www.morningreading.org)'입니다. 1년에 한 번 추천 도서 목록을 발표하는데, 책따세보다 많은 책을 추천합니다.

우리 뇌 속에는 거울 신경세포가 있습니다. 거울 신경세포는 다른 이의 행동을 보면 그 행동을 따라 하고자 하는 마음이 들게 만듭니다. 유행이라는 것이 존재하는 이유도 다 이 때문이지요. 거울 신경세포 이론은 1996년 이탈리아 파르마대 지아코모 리졸라티 연구팀이 처음 제안한 이론입니다. 거울 신경세포는 학습에서 중요한 역할을 합니다. 언어나 신체 동작을 배울 때 상대방을 그대로 따라 하며 배우는 과정에 이 세포가 관여한다는 것입니다. 그래서 집에서 부모님이 자주 책을 읽는 모습을 보여주거나 글쓰는 모습을 보여주면 효과가 좋습니다. 집보다 도서관에서 책을 읽기 좋은 건 다른 사람들도 책을 읽고 있기 때문입니다.

나가는 글

저는 미래 사회에 필요한 역량에 대한 책을 많이 읽습니다. 우리 아이들에게 정확한 방향을 알려 주고 싶기 때문입니다. 책을 읽는 것이 중요하다는 걸 모르는 사람은 없습니다. 하지만 실제로 읽는 사람은 적습니다.

책을 읽는 것이 가장 중요합니다. 독서는 공부뿐만 아니라 인생을 살아가는 데 필요한 기초체력을 키우는 일입니다. 이렇게 읽은 책은 학창시절을 포함한 우리 삶 전반에 큰 도움이 됩니다.

초등학교 때는 부모가 "이렇게 하라"고 하면 대체로 잘 따라 합니다. 중학생이 되어도 그럴까요? 정답은 이미 부모님도 잘 알고 계실 겁니다. 뉴턴은 흑사병을 피해 칩거하면서 시간적 여유가 있을 때 두 가지 위대한 발견을 했다고 합니다. 우리는 여유가 있어야 책을 읽고 생각할 수 있습니다. 국어 공부를 한다는 건 읽고, 쓰고, 생각하는 것입니다.

저는 학교에 근무하면서 작은 물결이든 큰 물결이든 교육의 변화를 가장 먼저 느낍니다. 이런 변화의 물결에 아이들이 적응할 수 있도록 하기 위해 어떻게 해야 할지 고민합니다.

우리는 학교가 끝난 아이들을 학원으로 보내고 있습니다. 비싼 학원비를 지불하면서요. 10년 뒤의 아이들도 지금과 같을까요? 암기식 수업은 계속 필요할까요?

세상이 변하고 있습니다. 모르는 내용이 있으면 수시로 검색해서 알 수 있는 스마트폰이 우리 손에 있습니다. 그런데도 과거의 방식을 고집하여 아이들을 가르치고, 학원 셔틀을 돌리는 것이 우리 아이들에게 도움이 될까요? 수업이 변하고 있습니다. 사회가 변하고 있습니다. 우리 아이들이 살아가야 할 세상의 변화에 부모들이 먼저 촉각을 곤두세워야 하지 않을까요?

「대추 한 알」을 쓴 장석주 시인의 말이 떠오르네요. 그 시인은 책을 많이 읽으면 어떻게 될 것 같냐고 청중들에게 질문을 했습니다. 사람들이 선뜻 대답하지 못하자 시인은 이렇게 말했습니다.

"뇌가 달라져요."

미래 사회의 핵심 역량은 문해력입니다. 학교 시험에서 좋은 점수를 받는 것뿐만 아니라 사회생활을 하기 위해서도 문해력은 꼭 필요합니다. 문해력을 키우기 위해 필요한 교육은 '독서와 자기 생각을 갖기 위한 토론, 그리고 그것을 바탕으로 글쓰기'라고 생각합니다. 올바른 국어 공부를 통해서 학생들의 소중한 꿈이 모두 이루어지면 좋겠습니다.

〈참고 문헌〉

◆ 교육부　　　　『국어과 교육과정』

◆ 김윤정　　　　『EBS 당신의 문해력』EBS BOOKS

◆ 배혜림　　　　『진짜 초등 국어 공부법』마더북스

◆ 브라이언 트레이시『목표 그 성취의 기술』김영사

◆ 강원국　　　　『대통령의 글쓰기』메디치미디어

◆ 정원제　　　　『진검승부 부수 한자 사전』지노

◆ 박재찬　　　　『하루 10분 문해력 글쓰기』길벗

◆ 좌승협 외　　　『초등 교과서 읽기의 기술』멀리깊이

◆ 스티븐 킹　　　『유혹하는 글쓰기』김영사

◆ 데이비드 색스　『아날로그의 반격』어크로스

◆ 최홍수　　　　『신문사설과 칼럼으로 배우는 세상 이야기와 국어공부』사설닷컴

◆ 마루야마 다카시『이유가 있어서 멸종했습니다』위즈덤하우스

◆ 김초엽　　　　『우리가 빛의 속도로 갈 수 없다면』허블

◆ 신정숙 외　　　『교과서 옆 개념 잡는 초등사회 사전』주니어김영사

◆ 구병모　　　　『파과』위즈덤하우스

◆ 강승임　　　　『초3 글씨체가 평생 간다』유노라이프

◆ 박정섭　　　　『감기 걸린 물고기』사계절

◆ 민상기　　　　『초등학생이 좋아하는 글쓰기 소재 365』연지출판사

◆ 826 VALENCIA『창의력을 키우는 초등 글쓰기 좋은 질문 642』넥서스Friends

◆ 김동식　　　　『초단편 소설 쓰기』요다

◆ 알렉 그레븐　　『여자친구에게 말 걸기』소담주니어

◆ 전병규　　　　『문해력 수업』RHK

◆ 편집부　　　　『그림과 함께 보는 중학 국어 개념 그리기』교학사

◆ 이종보　　　　『관점 VS 관점』개마고원

◆ 하시모토 다케시『슬로 리딩』조선북스

◆ 유해송　　　　『국어의 시작 독해지능』 반니

◆ 윤창욱　　　　『덕질로 배운다! 10대를 위한 글쓰기 특강』 책밥

◆ 이재익, 김훈종　『서울대 아빠식 문해력 독서법』 한빛비즈

◆ 강영준　　　　『와글와글 독서클럽 1: 문학』『와글와글 독서클럽 2: 비문학』 북트리거

◆ 강영준　　　　『허균 씨, 홍길동전은 왜 쓰셨나요』 창비

◆ 박진형 외　　　『물음표로 따라가는 인문고전』 아르볼

◆ 권희린　　　　『사춘기를 위한 맞춤법 수업』 생각학교

저자 **박은진**

고려대학교 국어교육과를 졸업하고, 현재 충남 천안동성중학교에서 국어를 가르치고 있다.
EBS 중학교 국어를 강의했으며, 청소년들에게 독서의 중요성을 알리기 위해『출판저널』에
'박은진의 청소년 독서 코칭'을 연재했다. 전국의 도서관에서 독서와 글쓰기에 대한 강의를
하고 있다.
지은 책으로는『백만불짜리 글쓰기 습관』,『세상이 멈춘 시간, 11시 2분』,『도서관 옆집에서
살기』가 있다.

초등생의 국어
학부모의 계획

초판 1쇄 인쇄 2022년 11월 22일
초판 1쇄 발행 2022년 11월 30일

지은이 박은진
발행인 박효상 | **편집장** 김현 | **기획·편집** 장경희, 김효정 | **디자인** 임정현
교정·교열 진행 안현진 | **조판** 조영라
마케팅 이태호, 이전희 | **관리** 김태옥

종이 월드페이퍼 | **인쇄·제본** 예림인쇄 | **출판등록** 제10-1835호
펴낸 곳 사람in | **주소** 04034 서울시 마포구 양화로11길 14-10(서교동) 3F
전화 02) 338-3555(代) **팩스** 02) 338-3545 | **E-mail** saramin@netsgo.com
Website www.saramin.com

책값은 뒤표지에 있습니다.
파본은 바꾸어 드립니다.
ⓒ 박은진 2022

ISBN 978-89-6049-982-9 14370
     978-89-6049-981-2 (set)

우아한 지적만보, 기민한 실사구시 사람in